Ursula Schober

Ich bin Leittier!

(Pferdische) Führungstipps für Lehrer
und solche, die es werden wollen

Diplomica Verlag GmbH

Schober, Ursula: Ich bin Leittier! (Pferdische) Führungstipps für Lehrer und solche, die es werden wollen, Hamburg, Diplomica Verlag GmbH 2016

Buch-ISBN: 978-3-95934-984-0
PDF-eBook-ISBN: 978-3-95934-484-5
Druck/Herstellung: Diplomica® Verlag GmbH, Hamburg, 2016
Covermotiv: © Ursula Schober

Bibliografische Information der Deutschen Nationalbibliothek:
Die Deutsche Nationalbibliothek verzeichnet diese Publikation in der Deutschen
Nationalbibliografie; detaillierte bibliografische Daten sind im Internet über
http://dnb.d-nb.de abrufbar.

© Diplomica Verlag GmbH
Hermannstal 119k, 22119 Hamburg
http://www.diplomica-verlag.de, Hamburg 2016
Printed in Germany

Inhaltsverzeichnis

I. Einführung

I.1. Wie kam es zu diesem Buch?

Als angehender Lehrer erhält man als Student an der Uni viel theoretischen Input, der, je nach angestrebter zukünftiger Schulart, entweder fast gar nichts mit dem späteren Alltag zu tun hat oder sehr wenig. Auch bei allgemeinen pädagogischen oder schulpädagogischen Themen wie unterschiedlichen Menschenbildern oder Erziehungsstilen erschliesst sich einem als Studierender noch nicht so richtig die Bedeutung und der Zusammenhang mit der späteren alltäglichen Praxis. Bei der Nachfrage nach konkreteren Themen erfolgt oft ein Vertrösten auf das erhofft praxisbezogenere Seminar im Referendariat. Ganz konkretes Handwerkszeug vermisst man jedoch häufig auch hier, so dass man Themen wie z.B. zum Einsatz von Körpersprache, also Dinge, die man ab der ersten Minute in der bzw. vor der Klasse benötigt, dann erst in der späteren Lehrerfortbildung findet, als bereits fertiger Lehrer, der schon lange in der Klasse steht.

Diese Erfahrungen habe ich nicht nur selber als Lehramtsstudentin und Referendarin für das Lehramt an Sonderschulen gemacht, sondern ähnliche Rückmeldungen auch von vielen KollegInnen erhalten, unabhängig von der Schulart, oder besser gesagt, je mehr in Richtung weiterführender Schule und Gymnasium, umso schlimmer. Selbst inzwischen im Bereich der pferdegestützten Therapie und des Coachings und Trainings mit Pferden für Führungskräfte tätig, kam mir hier immer wieder der Gedanke, dass ich das, was mit Hilfe der Pferde den Führungskräften vermittelt wird, auch als angehender Lehrer für mein Agieren in der Klasse als hilfreich empfunden hätte.

Warum sich daher nicht auch als (zukünftiger) Lehrer das gönnen, wovon Führungskräfte profitieren dürfen, nämlich eine Auseinandersetzung mit der Führungspraxis bei Pferden? In einer Pferdeherde liegt scheinbar ein Idealzustand in Sachen Gruppenleitung vor: Das Leittier wird akzeptiert, kleinste Zeichen von ihm reichen aus, um die Gruppenmitglieder zu bewegen, diese folgen ihm bereitwillig überall hin. Warum sich daher nicht ansehen, wer wie bei Pferden zu Leittieren wird und sich davon Impulse und Anregungen für die Reflexion des eigenen Führungsauftrages und der eigenen Führungsrolle abholen?

Da als Studierender die Finanzen begrenzt sind, so dass man sich leider nicht die Seminare und Kurse leisten kann, die man gerade zum Einstieg in das Berufsleben bräuchte, entstand die Idee, die Essenz dessen, was ich in Coachings und Trainings auch an (angehende) Lehrer versuche weiterzugeben, in Form dieses Buches möglichst vielen Interessierten zukommen zu lassen.

So werden in diesem Buch verschiedene Themen behandelt, die die Aufgaben eines Lehrers als Leiter einer Unterrichtsstunde bzw. einer Klasse betreffen, inspiriert durch Einblicke in die gelebte Führung bei Pferden in ihrem Gruppensystem Herde. Da es sich bei diesen Aufgaben des Lehrers zum großen Teil um nicht viel weniger handelt als um die Aufgaben von Führungskräften in Unternehmen in Bezug auf ihre Mitarbeiter, soll ein Blick in gängiges Führungswissen für Vorgesetzte Informationen und Hilfestellungen geben und zur Reflexion der eigenen Leitungs-Rolle anregen. Um deutlich zu machen, dass es sich bei den verwendeten Modellen und Konzepten um solche aus dem Bereich der Führungslehre handelt, wurden in diesen Passagen bewusst die Bezeichnungen Führungskraft, Vorgesetzter und Mitarbeiter beibehalten; der Transfer auf die Lehrer-Schüler-Situation und –Konstellation erfolgt durch eine aktive Einbeziehung des Lesers selbst.

I.2. Wie kam das Pferd bis ins Training für Führungskräfte? Zum gemeinsamen Entwicklungsweg von Mensch und Pferd

Die Geschichte des Pferdes ist seit mindestens 4000 Jahren, manche Quellen sprechen von über 9000 Jahren, mit dem Menschen in Koevolution verbunden. Das Pferd hat sowohl als lebendiges Wesen als auch als Symbol seit jeher eine große Bedeutung für den Menschen, es hat über Jahrtausende das Leben des Menschen geprägt.

Zunächst Jagdbeute unserer Vorfahren – Pferdefleisch gehörte ab dem mittleren Eiszeitalter zu den wichtigsten Nahrungsquellen des Urmenschen – erfolgte nach dem Ende der Eiszeit mit ersten Domestikationen um ca. 3000 bis 2000 v.Chr. eine grundlegende Wandelung des Verhältnisses des Menschen zu Pferden. Die Zähmung erfolgte über einen längeren Zeitraum, geleistet von verschiedenen Populationen an mehreren unterschiedlichen Orten. Das Pferd diente dem Menschen zunehmend weniger als Quelle für Fleisch und Milch, diese entdeckten vielmehr seine Vorteile als Transportmittel: „Mit diesem Transportmittel steigerte sich die Mobilität unserer Vorfahren in vorher unvorstellbarem Ausmaß." (Franzen 2007, 23). Auch bei der einsetzenden Sesshaftigkeit des Menschen spielte das Pferd als Zugtier des Pfluges im Ackerbau eine große Rolle.

Ein besonderer Stellenwert kam dem Pferd auch in verschiedenen Kulturen und Religionen zu. Bereits früh als Beutetier hatte es eine gewisse mythologische Bedeutung erhalten und wurde in Höhlenmalereien verewigt. Auch später in der griechischen und römischen Mythologie erhielt es eine metaphysische Bedeutung: Pferde agierten als Boten zwischen Himmel und Erde, Götter selbst schlüpften in Gestalt des Pferdes. So galt der weiße geflügelte Hengst Pegasos als Symbol der Unsterblichkeit und die Centauren verdeutlichten als verbindende Mischwesen von Mensch und Pferd die Synthese von Denken und Streben einerseits mit Kraft, Intuition und Emotion andererseits. In der Symboldeutung nach C.G. Jung werden dem Pferd Eigenschaften wie hellsehend, hellhörend, wegweisend etc. zugeschrieben (Hendrich 2008).

Der Einsatz des Pferdes bei kriegerischen Auseinandersetzungen entschied Schlachten und Eroberungszüge, z.B. bei den Griechen, Römern, Hunnen, Mongolen und Tartaren, sowie zur Zeit der Ritter, bei der Eroberung Englands und der Inbesitznahme Süd- und Nordamerikas. Zu Pferde ließ sich ein viermal so großes Territorium beherrschen.

Mit der Erfindung des Rades zogen Pferde dann nicht nur Kampf- und Ackerwagen, sondern auch Kutschen – „Die Postkutsche war *das* Telekommunikations- und Reisemittel früherer Jahrhunderte!" (Franzen 2007, 23) -, später dann bis hin zur Pferdebahn als Vorläufer der Straßenbahn.

Erst mit Beginn der industriellen Revolution im 19. Jahrhundert gaben die Pferde nach und nach all diese Aufgaben wieder ab. Motoren ersetzten Pferde als Antrieb der Straßenbahn, das Auto die Kutsche, die elektronische Grubenbahn das Grubenpferd, sowie der Traktor das Pferd vor dem Pflug – es bleibt der Begriff der „Pferdestärke".

Pferde erhielten in der Folgezeit stärker eine Funktion als Schau- und Sportobjekte: Zunächst ein Machtinstrument und Statussymbol des Adels, erhielten sie zunehmend eine hoheitliche Funktion bei Staatsbesuchen, Paraden und Polizeieinsätzen.

Nach dem zweiten Weltkrieg, historisch gesehen die kriegerische Auseinandersetzung, bei der mit ca. eineinhalb Millionen am meisten Pferde ihr Leben ließen, rückte nach dem Wiederaufbau die Nutzung des Pferdes als Freizeit- und Sportpartner in den Vordergrund. Auch in vielen Redewendungen und Sprichwörtern findet man das Pferd, z.B. die Zügel in die Hand nehmen, da geht der Gaul mit einem durch, den sticht der Hafer, sattelfest sein etc., was die erfolgte gemeinsame Geschichte wiederspiegelt. Pferde sind nach wie vor auch die einzigen Tiere, die zusammen mit dem Menschen an Olympischen Spielen teilnehmen.

Seit ca. den 1960er Jahren erfährt das Pferd, ausgehend von der medizinischen Rehabilitation, eine weitere Bedeutung als eingesetzter Partner in der Therapie, sowohl in den Bereichen der Physiotherapie als auch der Pädagogik und Psychologie. In den letzten Jahrzehnten entstanden hier vielfältigste Weiterbildungen und Einsatzarten mit verschiedenen Schwerpunktsetzungen. In den letzten Jahren wurde das Pferd zunehmend auch als Co-Trainer in der Erwachsenenarbeit entdeckt, auch hier findet man viele unterschiedliche Ausrichtungen vom eher psychotherapeutischen Ansatz bis hin zu beruflichen Fortbildungsangeboten in Form von Coachings, Trainings und Seminaren zu dem weiten Themenfeld der Führung.

II. Wie führen Pferde?

II.1.

Pferde sind Herdentiere. Als Flucht- und Beutetiere sind sie alleine nicht überlebensfähig und suchen daher instinktiv nach dem sicheren Schutz einer Gemeinschaft und in Form von Leittieren nach einer Führung, der sie vertrauen können.

Sie etablieren Rangordnungen, um innerhalb der Gruppe den Modus des Zusammenlebens zu regeln und Konflikte zu vermeiden, damit z.B. nicht wiederholt um bestimmte Futterplätze gekämpft werden muss und um die Gruppe nach außen zu stärken. Dies trägt wesentlich zum Überleben der einzelnen Herdenmitglieder bei und vermittelt auch den Rangtieferen ein Gefühl von Sicherheit und gibt ihnen einen festen Platz in der Herde (Welz 2002, Hendrich 2008, Wendt 2010, Eschbach 2011).

Das Wohl der Gemeinschaft steht im Vordergrund. Regulierende Ordnungen werden etabliert, um die Gruppe zu stärken.

Die Leittiere tragen dabei die Verantwortung für die Herde, die Ausübung ihrer Führungsrolle steht ganz im Dienst an der Gemeinschaft: Das Leben der Herdenmitglieder hängt mit davon ab, wie schnell ihr Leittier eine Bedrohung erkennt (Schäfer 1993) und wie es daraufhin reagiert. „Die Herde braucht dieses Tier, denn von seinem Instinkt, seiner Wachsamkeit und Erfahrung hängt das Schicksal aller ab." (Hempfling 1993, 31). Das Verhalten des Leittieres in Gefahrensituationen ist entscheidend für die Aktionen und Reaktionen der Herde; sie richtet ihre Aufmerksamkeit darauf, orientiert sich an ihm und schließt sich ihm in seinen Entscheidungen an (Schwaiger 2001).

Die Fähigkeiten und Kompetenzen des Leittieres stehen im Dienst an der Gruppe.

⇒ Leittiere tragen die Verantwortung für ihre Gruppe.

II.2.

Pferde verlangen von ihrem Gegenüber den vollen Einsatz von Körper und Geist, ein authentisches Agieren im Hier und Jetzt (Diacont 2007). Das Leittier muss bereit sein, Energie aufzuwenden, um bei den Herdenmitgliedern Bewegung, die Umsetzung von Anweisungen, ein Be-Folgen zu erreichen. Wer bei Pferden führt, bewegt den Anderen (Osterhammel 2006).

⇒ Leittiere agieren und erzeugen eine Wirkung.

II.3.

Die Leittiere treiben die Mitglieder ihrer Herde entschlossen und zielstrebig vorwärts und geben die Richtung und das Tempo vor und erreichen dadurch, dass die Anderen ihrer Ausrichtung folgen (Schwaiger 2001).

Pferde verlangen nach klaren Zielsetzungen und Orientierungsrichtlinien. Erfährt ein Herdenmitglied, dass das Leittier verbindlich bei getroffenen Entscheidungen bleibt und deren Umsetzung durch prompte Reaktionen und Rückmeldungen einfordert, wird es sich im Gegenzug mit Gehorsam und Folgsamkeit anschließen (Diacont 2007).

⇒ Leittiere geben die Richtung vor und überprüfen die Einhaltung ihrer Vorgaben.

II.4.

Das Leittier muss bestimmte Eigenschaften zeigen, um qualifiziert und kompetent genug zu sein, im Sinne und zum Wohl der Gemeinschaft handeln zu können.

In ursprünglich lebenden Herden im Familienverband teilen sich Leitstute und Leithengst die Führungsaufgaben. Die Leitstute ist hier die Anführerin; der Leithengst hält die Herde zusammen, treibt Nachzügler voran und verteidigt die Herde nach außen. Schwaiger (2001) beschreibt die Führungsqualitäten der Leitstute mit Klarheit, Durchsetzungsvermögen, Selbstbewusstsein, Selbstsicherheit, Beständigkeit, Souveränität, Autorität, Erfahrung, Besonnenheit, Vertrauenswürdigkeit und Verantwortungsbewusstsein und die des Leithengstes mit Stärke, Mut, Durchsetzungswillen, Überlegenheit, Klarheit, Selbstsicherheit und Entschlossenheit.

Die Rolle des Leitieres erfordert Wachsamkeit, Präsenz und Geschicktheit. Das ranghöchste Tier muss dabei in seiner Reaktionsfähigkeit den anderen überlegen sein, um auch bzgl. der Umwelt verlässlich zu erkennen, ob bzw. dass auch keine Gefahr besteht (Schäfer 1993). Zu viel unnötiges Fluchtverhalten führt zu zu viel Aufruhr, kostet Energie und verhindert die Nahrungsaufnahme. „Flucht wird immer dann eingeleitet, wenn Unklarheit über das Gefährdungspotential der Situation besteht (…). Die Herde braucht daher ein Leittier, das verlässlich zeigt, dass kein Grund zur Aufregung besteht, das gelassen bleibt, auch und gerade in ungewöhnlichen Situationen." (Kolzarek, Lindau-Bank 2011, 10).

Gute Führung besteht für Pferde daher auch in Souveränität, bei der Durchsetzung des Führungsanspruches ist es oft gerade eine große Gelassenheit, die Verlässlichkeit und Sicherheit vermittelt und gewährleistet (Eschbach 2001).

Bei der Geltendmachung und Durchsetzung des Führungsanspruches spielen Qualitäten wie Gelassenheit, Souveränität und Verlässlichkeit eine große Rolle.

Dabei sind die ranghohen Tiere nicht unbedingt die körperlich Stärkeren, die Größten und Kräftigsten. Bei der Etablierung der Rangordnung muss die Durchsetzung des Führungsanspruches keineswegs allein über Kämpfe geschehen (Schäfer 1993), hier überwiegen eher die kleinen Gesten. Ranghohe Pferde, die die Führung innehaben, brauchen kaum mehr grobe Mittel einzusetzen, um ihre Position zu behaupten; ist Akzeptanz erreicht, kann mit minimalem Energieaufwand ein Maximum erreicht werden. Sie besitzen vielmehr Charisma, das „gewisse Etwas", eine innere Stärke, die den Einsatz von Körperkraft weitgehend überflüssig macht, strahlen natürliche Autorität aus und genießen den Respekt der anderen (Welz 2002).

Ranghohe Tiere zeichnen sich nicht durch eine besondere Aggressionsbereitschaft aus, sondern sind eher selten in aggressive Konflikte verwickelt.

Nach Diacont (2007) fordern Pferde folgende Führungseigenschaften und Führungsqualitäten ein:

- Erfahrung, Wissen,
- Souveränität, Autorität,
- Selbstbewusstsein,
- sichere, bewusste Körpersprache,
- Körperbeherrschung und Balance,
- Ausgeglichenheit, Ruhe,
- Selbstbeherrschung,
- Entscheidungssicherheit,
- Konsequenz, Willensstärke,
- Durchsetzungsvermögen,
- Fairness,
- situationsgerechtes Handeln,
- Reaktionsschnelligkeit,
- vorausschauendes Handeln,
- Chancen erkennen und nutzen,
- Fehler erkennen und nicht wiederholen.

⇒ Leittiere sind kompetent und besitzen Qualitäten.

II.5.

Das Verhalten eines Pferdes lässt sich nicht ausschließlich allein anhand seines Ranges und seiner Position vorhersagen, vielmehr wird es vom gesamten Kontext mitbestimmt. Leittiere agieren in ihrem Führungs- und in ihrem kommunikativen Verhalten situationsabhängig. Sie dosieren die Intensität der Einwirkung auf ihre Herdenmitglieder je nach Erfordernis der Situation und dem aktuellen Verhalten des Gegenübers.

Auch ein gelassenes Leittier, das in Zeiten, in denen die Ressourcen der Gruppe nicht bedroht sind, in seinem Führungsstil eine partnerschaftliche Beziehung zu seinen Gruppenmitgliedern pflegt, zeigt in bestimmten Situationen, wenn etwa angesichts einer potentiellen Gefährdung der Gruppe zeitnahe dringliche Entscheidungen durchgesetzt werden müssen, ein anderes, an die Erfordernisse und Bedingungen der Situation angepasstes Führungsverhalten.

Dies kann auch bei einer Maßregelung des Verhaltens eines Herdenmitgliedes erforderlich sein, wenn es sich weigert, Vorgaben des Leittieres zu befolgen, z.B. ihm auszuweichen und dadurch seinen Raumanspruch anzuerkennen. Hier erfolgt die Einwirkung reaktionsschnell zum richtigen Zeitpunkt und als eine Folge des unerwünschten Verhaltens. Pferde sind konsequent, sie lassen ihre Artgenossen die Folgen ihres Tuns spüren, sie sind dabei jedoch nicht destruktiv; ist das andere Pferd ausgewichen, wird es in Ruhe gelassen und nicht sinnlos mit weiteren Attacken traktiert.

Bei diesen je nach der Situation erforderlichen Einwirkungen erfolgt der Einsatz der dafür aufgewendeten Energie in abgestufter Dosierung. Erst wenn das Gegenüber nicht reagiert, wird die Intervention im angewandten Führungsverhalten stufenweise vom Feinen zum Groben gesteigert, die Intensität verstärkt und der Druck erhöht (Welz 2002, Eschbach 2011). Erfüllt das Pferd die gestellte Aufgabe, wird der Druck sofort weggenommen.

Leittiere variieren ihren Führungsstil und ihr Führungsverhalten situationsabhängig.

In der sozialen Gruppenstruktur der Herde, auch bei den Leittieren, kann kein rein dominantes Tier festgestellt werden. Die Verhaltensbiologie stellt die Existenz einer reinen Dominanzhierarchie innerhalb der Pferdeherde inzwischen stark infrage, es existieren keine generell dominanten Pferde. „Kein Pferd ist pauschal ranghöher oder rangniedriger (…)" (Wendt 2010, 46). „Es gibt keinen Hinweis darauf, dass ein Pferd dauerhaft und in allen Lebenslagen dominant über ein anderes sein kann." (Wendt 2010, 41).

Jedes Pferd vereint Anteile von ranganmaßenden und ranggebenden Verhaltensweisen in sich. „Dominant" bezieht sich nur auf die momentanen Unterschiede im Verhalten zweier Tiere innerhalb eines bestimmten Kontextes, in der aktuellen Herdensituation.

Leittiere müssen nicht generell dominant sein.

> ⇒ Leittiere variieren ihren Führungsstil und ihr Führungsverhalten situationsabhängig.

II.6.

Leittiere geben in ihren Aufforderungen klare, eindeutige Signale, damit die Herdenmitglieder wissen, was zu tun ist. Die innere Absicht und der körperliche Ausdruck sind dabei deckungsgleich und kongruent.

⇒ Leittiere kommunizieren klar.

II.7.

Pferde kommunizieren untereinander über Körpersprache, die sichtbaren Ausdrucksformen besitzen bei ihnen eine übergeordnete Bedeutung gegenüber den stimmlichen Äußerungen. Die reichhaltige optische Sprache reicht dabei von relativ groben, weithin sichtbaren Signalen bis zu sehr feinen Gesichtsveränderungen. Grobe Merkmale der wahrgenommenen und ausgedrückten Körpersprache sind großflächige Körperhaltungen und -stellungen, der Muskeltonus, die Atemfrequenz und Muskelzuckungen. So ist für die Fernorientierung, ergänzt vom Gehörsinn, in erster Linie der optische Eindruck ausschlaggebend, v.a. das Silhouettensehen und -lesen hat eine große Bedeutung: Auf alle Veränderungen der üblichen Silhouette des Gegenübers, der Position von Schweif, Hals und der Kopfhaltung, der Kontur und der die Kontur verschiebenden Bewegung erfolgt eine genaue, unmittelbare Reaktion (Schäfer 1993). An Feinheiten der Körpersprache beobachten und zeigen Pferde Mikromimik, feinste Veränderungen des Augenausdrucks, des Lippen- und Nüsternspiels; sie sind in der Lage, feinste Bewegungen von unter einem Millimeter zu unterscheiden (Wendt 2010).

Leittiere beobachten die Körpersprache ihrer Herdenmitglieder sehr genau und ziehen daraus Rückschlüsse über deren Befindlichkeit und Absichten und reagieren dementsprechend. In der Kommunikation mit ihnen nutzen sie auch selbst gezielt ihre eigene Körpersprache, um ihren Führungsanspruch zu unterstreichen.

Pferde beobachten die Mitglieder ihrer Gruppe, sie lesen ihre Körpersprache.

Leittiere nutzen Körpersprache und setzen diese bei sich selbst gezielt ein.

Das körpersprachliche Verhalten der Pferde untereinander gestaltet sich dabei auch über das Einnehmen der Räume und Abstände zueinander, sowie dem sich durch die Position der Schulterlinien ergebenden Winkel (Eschbach 2011). Die Individualdistanz bei Pferden ist verschieden weit ausgeprägt (Schäfer 1993) und auch abhängig von der Beziehung zum Gegenüber und der jeweiligen Situation. Dem ranghöheren Tier steht es zu, über die Distanz zu bestimmen (Kolzarek, Lindau-Bank 2011) und den privilegierten Raum für sich in Anspruch zu nehmen, der ihm seiner Position nach zusteht, z.B. als Erstes den Zugang am Futterplatz zu haben.

Leittiere gestalten Räume, sie halten und nehmen Raum für sich in Anspruch.

Pferde kommunizieren aber nicht ausschließlich rangbezogen, ihre Kommunikation und damit auch ihre Körpersprache bezieht sich immer auf konkrete Ereignisse und Situationen. So entscheiden sich auch die Leittiere je nach dem aktuellen

Gegenüber, abhängig vom Kommunikationspartner (z.B. Mensch, fremdes Pferd, Fohlen etc.) für eine an die jeweilige Konstellation angepasste Körpersprache (Wendt 2010).

Leittiere passen sich in ihrem Kommunikationsverhalten an die Situation und den jeweiligen Kommunikationspartner an.

⇒ Leittiere beobachten und nutzen Körpersprache.

II.8.

In Zeiten, in denen keine Gefahren bestehen und die Ressourcen der Herde nicht bedroht sind, wird die Bindungsstruktur innerhalb der Herde vornehmlich durch ein freundschaftliches und partnerschaftliches Beziehungsgeflecht geprägt. Freundschaften bestehen dabei unabhängig von der sonstigen Stellung und dem Rang, dies gilt auch für die Leittiere. Eng befreundete Pferde halten sich auch räumlich nah beieinander auf (Wendt 2010).

Pferde handeln immer aus einer momentanen Motivation heraus, sie haben Beweggründe für ihr Verhalten. Durch die genaue Beobachtung und Wahrnehmung und die gelebte Beziehung mit ihnen kennen die Leittiere ihre Herdenmitglieder genau; dadurch können sie in der Interaktion mit ihnen die Einwirkung optimal anpassen, dann muss auch in Situationen, in denen der Führungsanspruch geltend gemacht wird, nicht mehr viel Energie aufgewendet werden, damit die Pferde folgen. Dann genügen kleinste, aber optimal auf den anderen abgestimmte Interventionen, dann kann mit Leichtigkeit und sehr geringem Einsatz sehr viel erreicht werden (Welz 2002, Osterhammel 2006).

Pferde beobachten die Mitglieder ihrer Gruppe, sie nehmen sie genau wahr und kennen sie daher gut.

Die Leittiere pflegen die Beziehung zu ihren Herdenmitgliedern.

⇒ Leittiere nehmen die Mitglieder ihrer Gruppe wahr und pflegen die Beziehung zu ihnen.

II.9.

Pferde haben als Flucht- und Beutetiere Bedürfnisse nach Schutz und Sicherheit gegenüber Feinden und somit nach Führung, nach Bewegung, Licht und Luft und Schutz vor Witterung, nach Trinken und Fressen sowie nach Ruhe, nach Gesellschaft durch Artgenossen und Gelegenheit zur Ausübung ungestörter sozialer Kontakte.

Damit eine Erfüllung dieser Bedürfnisse für möglichst alle Herdenmitglieder gewährleistet werden kann, organisieren sie sich im Gefüge der Herde und leben in regulierenden Normen zusammen, mit Leittieren an der Spitze. Durch diese Ordnung, dieses System wird eine Befriedung der Bedürfnisse ermöglicht.

Ist der Platz innerhalb der Gruppe und der Zugang zu diesen wichtigen Ressourcen sichergestellt, werden die einzelnen Herdenmitglieder gegenüber dem Leittier kein rangbezogenes Verhalten zeigen, sondern sich seiner Führung anschließen (Wendt 2010).

Die Leittiere tragen die letztliche Verantwortung für die Erfüllung der Bedürfnisse der einzelnen Herdenmitglieder.

> ⇒ Leittiere sorgen für die Erfüllung der Bedürfnisse ihrer Herdenmitglieder.

II.10.

In der sozialen Gruppenstruktur der Herde liegt den neueren Erkenntnissen der Verhaltensbiologie nach trotz des Vorhandenseins von Leittieren keine rein eindimensionale lineare Rangordnung vor, sondern vielmehr komplexere Konstellationen wie Netzwerksbeziehungen. Die Struktur innerhalb der Pferdeherde passt sich im Sinne einer dynamischen Hierarchie den jeweiligen Lebenssituationen an: Kein Pferd kann als Leittier dauerhaft in allen relevanten Lebensbereichen ununterbrochen die Führungsposition innehaben. In der Herde als einer kooperativen Gemeinschaft von Individuen übernehmen auch andere Tiere je nach ihren individuellen Fähigkeiten und Kompetenzen für einen begrenzten Zeitraum einen Aufgabenbereich. „Einzelne Tiere besitzen für einen eng umrissenen Aufgabenbereich herausragende Talente, die sie dann zum Wohle der gesamten Gruppe einsetzen können (...). (Sie erfüllen) in dieser Gemeinschaft im Sinne einer temporären Arbeitsteilung eine wichtige Position" (Wendt 2010, 46), so z.B. beim Finden eines geschützten Ruheplatzes und von Wasserstellen oder als Aufpasser, wenn die ranghohen Tiere ruhen.

In der im Familienverband lebenden Herde teilen sich in der Regel Leitstute und Leithengst die Führungsaufgaben. Es kommt auch vor, dass sich befreundete Hengste oder Brüder die Aufgaben des Leithengstes teilen, mit dem Vorteil, dass ein weiterer starker Partner für die Verteidigung und Sicherung der Gruppe zur Verfügung steht und das einzelne Tier mehr Zeit zum Ruhen hat und somit länger fit und gesund bleibt (Wendt 2010).

Leittiere erlauben es sich, zeitlich begrenzt Aufgaben auch abzugeben, so dass sich einzelne Gruppenmitglieder mit ihren Fähigkeiten einbringen können.

> ⇒ Leittiere übertragen auch Aufgaben.

II.11.

Pferde reagieren in der Regel mit Flucht, wenn Bedrohliches verlangt und mit zu viel Druck agiert wird. Begründet durch die unterschiedliche Herkunft der einzelnen Pferdetypen und Rassen sowie individuelle charakterliche Eigenschaften findet man unter Pferden im Stressverhalten auch noch andere mögliche Ausdrucksformen. So ist Flucht nicht das einzige Verhalten, das ein Pferd als Angstreaktion zeigen kann. Passive Stresstypen reagieren auf Druck von außen mit kompletter Arbeitsverweigerung, totaler Passivität und Erstarrung. Es kann jedoch auch zu einem Gegenangriff als Reaktion kommen: „Jedes Tier wird nur ein bestimmtes Maß an Druck klaglos ertragen. Es wird vielleicht lange Zeit gut „funktionieren", doch es wird irgendwann nach Auswegen aus seiner Situation suchen (…). Im schlechtesten Fall kann es zu einer sogenannten Gegenaggression kommen." (Wendt 2010, 78f).

Erfahren Pferde zu viel Druck, können sie neben Flucht und Erstarrung auch mit einem Gegenangriff reagieren.

Es ist in der Natur des Pferdes verankert, Führung zu suchen und sich an klaren kompetenten Leittieren zu orientieren, die Sicherheit vermitteln. Pferde stellen daher an ihre Leittiere immer wieder die Führungsfrage, dies ist im Herdenverband überlebens-wichtig. Fehlt eine verlässliche Führung, werden Überlebensinstinkte aktiviert und das Pferd übernimmt aus einem Selbstschutzinstinkt heraus notgedrungen selbst die Entscheidung für sein Verhalten (Welz 2002). Dies kann sich z.B. in der Verweigerung der Gefolgschaft und in respektlosem Verhalten zeigen. „(…) wenn das Pferd seine Stellung innerhalb der Gruppe, oder aber eine wichtige Ressource in Gefahr sieht, wird es rangbezogene Verhaltensweisen zeigen." (Wendt 2010, 64)

Halten die Herdenmitglieder das Leittier für nicht kompetent genug, übernehmen sie notgedrungen selbst die Führung.

Herdenmitglieder begehren auf, wenn sie ihre Position innerhalb der Gruppe oder eine wichtige Ressource in Gefahr sehen.

Dies vermeiden erfolgreiche Leittiere durch eine feine, auf den anderen abgestimmte Kommunikation und Einwirkung und das Einsetzen ihrer Kompetenzen. Durch die vorangehend beschriebenen Handlungsweisen ihres Führungsverhaltens tragen sie dazu bei, Konflikte möglichst erst gar nicht aufkommen zu lassen.

⇒ Leittiere bauen Konflikten vor.

III. Ich bin Leittier! – Die Führungstipps der Pferde und was die Führungslehre dazu sagt

III.1. Ich trage die Verantwortung für meine Gruppe

Voraussetzung für eine gute Führung sind die Fähigkeit und Bereitschaft, Verantwortung zu übernehmen. Wer führt, sorgt für Sicherheit (Osterhammel 2006). Aus dieser Verantwortung kann die Kraft dafür geschöpft werden, andere im Bewusstsein dieses Auftrages in Bewegung zu setzen (Truckenbrodt, Fiegler 2004).

Auch in Unternehmen mit menschlichen Mitarbeitern liegt die Gesamtverantwortung immer bei der Führungskraft: „Die Gesamtverantwortung für den eigenen Führungsbereich ist ureigenster Bestandteil des Führungsauftrags. Die Gesamtverantwortung ist grundsätzlich nicht delegierbar." (Laufer 2009, 100).

Führungsaufgaben wie die Zielsetzung, die Grundsatzplanung und das Steuern von Hauptprozessen, das Treffen von Grundsatzentscheidungen, die Koordination der Aufgaben und das Erteilen von Aufträgen liegen im alleinigen Verantwortungsbereich der Führungskraft und können von ihr nicht abgegeben werden, ebenso nicht in der Mitarbeiterführung und Personalverantwortung der Mitarbeitereinsatz, Ergebnis- und Verhaltenskontrollen, das Üben von Kritik, das Entwickeln und Beurteilen der Mitarbeiter sowie die Fürsorge- und Vorbildspflicht. Die Verantwortung für die Führung der Mitarbeiter, die Führungsverantwortung, bleibt immer bei der Führungskraft und kann nicht übertragen werden (Buchacher, Wimmer 2008, Laufer 2009).

Selbst im Falle einer Entscheidungsdelegation bleibt die Verantwortung hierfür letztendlich beim Vorgesetzten. Er hat als Gesamtverantwortlicher auch die Folgen und Auswirkungen einer möglichen eigenen Fehlentscheidung oder der eines Mitarbeiters zu vertreten. „Zur Entscheidung gehört auch die Verbindlichkeit, die daraus folgenden Konsequenzen auf das Handeln zu tragen." (Kolzarek, Lindau-Bank 2011, 18).

Ich trage die Verantwortung für meine Schüler und das Geschehen in meiner Klasse.

Diese Verantwortung definiere ich für mich so ...:

_____

_____

_____

_____

_____

_____

_____

_____

III.2. Ich agiere und erzeuge eine Wirkung

„Führen bedeutet, auf Menschen einzuwirken, um ein gewünschtes Verhalten zu bewirken."(Simon 2009, 118). Es heißt, den anderen zu bewegen, ihn zu einem bestimmten Handeln, zu einem bestimmten Verhalten zu motivieren (s.a. lat. movere = bewegen!); Verhalten wird in Bewegung gesetzt, eine gerichtete Aktivität wird erzeugt.

Führen beginnt bei der Führungskraft selbst. Voraussetzung für gute Führung sind die Fähigkeit und Bereitschaft der Führungskraft, Wirkung zu erzielen (Osterhammel 2006). Um andere zu führen, muss man selbst Energie investieren; diese kann man erst dann wieder sinken lassen, wenn eine Bewegung, eine Reaktion erreicht wurde (Welz 2002). Man muss zeigen, dass man führen will, und sich nicht lieber in der Gruppe verstecken würde.

Die Umsetzung von Anforderungen an die Mitarbeiter und das Erzielen von Wirkungen sind zentrale Bestandteile von Personalführung. Zu den wesentlichen Aufgaben einer Führungskraft gehört es, Mitarbeiter zu bestmöglichen Leistungen sowie zu erfolgs- und gruppendienlichem Verhalten zu veranlassen. Die Führungskraft muss sich ihres Führungsauftrags bewusst sein, sich die eigene Position und Funktion im Unternehmen klarmachen und auch den eigenen Zuständigkeitsrahmen kennen. Sie schafft Klarheit in der eigenen Rolle, in den Anforderungen und Erwartungen. „Für die Akzeptanz von Entscheidungen und die Motivation der Mitarbeiter ist Rollenklarheit von großer Bedeutung." (Buchacher, Wimmer 2008, 96).

Man wirkt als Führungskraft in seinem Verhalten immer, die Frage ist wie; man erzeugt immer eine Bewegung, die Frage ist, in welche Richtung (Osterhammel 2006). Verhalten bezeichnet das, was an einer Person von außen beobachtet werden kann. Verhaltenselemente sind die Körperhaltung, Bewegungen, das Handeln, Gesten, Worte, die Art des Redens, also: Was tue ich? Wie mache ich es? Was ist von außen erkennbar? (Simon 2007). „Jede Reaktion, jede Unterlassung hat Wirkungen und Folgen. Man kann nicht nicht handeln." (Kolzarek, Lindau-Bank 2011, 8).

Erfolgreiche Führung zeichnet sich dadurch aus, dass die Wirkung erzielt wird, die man auch erzielen will. Die Fähigkeit, seine eigene Wirkung auf andere zu kennen und ggfs. korrigieren zu können, ist ein Teil der sozialen Intelligenz. Den gewünschten Eindruck von sich selbst vermitteln v.a. emotional stabile, im Verhalten konsistente Menschen, die ohne zu taktieren spontan ihren Standpunkt und ihre Meinung mitteilen (Ernst 2012).

Eine klare Position zu haben und zu wissen, was man will, ein präzises Ziel zu haben und zu wissen, wohin man will, führt zu einem sicheren Auftreten. Gelingt es, die Gedanken auf das Erwünschte zu richten, gelingt eine fokussierte Konzentration, eine aufmerksame Präsenz im Hier und Jetzt, dann kann das volle Potenzial genutzt werden, dann kann mit geringstmöglichem Energieaufwand ein kraftvolles Handeln möglich und ein Ergebnis erzielt werden (Osterhammel 2006).

So sehe ich meine Rolle und Funktion als Lehrer, der die Klasse und die Unterrichtsstunde leitet …:

_____

_____

_____

_____

_____

_____

_____

Um dies auch zum Ausdruck zu bringen, bin ich bereit, so zu agieren und Reaktionen einzufordern ...:

_____

_____

_____

_____

_____

_____

_____

_____

III.3. Ich gebe die Richtung vor und überprüfe die Einhaltung meiner Vorgaben

Ziele sind das, wonach der Mensch strebt, das Motiv und der Antrieb für sein Handeln, das, worauf seine Absicht gerichtet ist. Sie sind Ursache und Wirkung seines ausgerichteten Verhaltens und beschreiben einen angestrebten Soll-Zustand, wie ein Leitfaden für zukünftiges Handeln.

Eine *Führung über Ziele* ermöglicht es einer Führungskraft, auf Mitarbeiter zielorientiert Einfluss zu nehmen. Mit Zielen führen heißt, die eigene Energie als Führungskraft und die der Mitarbeiter, das Zusammenwirken auf ein gemeinsames Ziel hin auszurichten. Es bedeutet, Tätigkeiten und Leistungsprozesse zu steuern, anderen Richtung und Rahmenbedingungen vorzugeben und sie dazu zu veranlassen, sich in diese Richtung zu bewegen (Buchacher, Wimmer 2008). Es gehört zu den Aufgaben einer Führungskraft, Klarheit zu schaffen in den Zielen und Erwartungen.

Soll den Mitarbeitern individuelle Leistung gelingen, ist eine Ausrichtung auf Ziele eine wesentliche Voraussetzung. Der Führungskraft kommt dabei die Aufgabe zu, die individuellen Ziele des Mitarbeiters zu ermitteln und möglichst mit den Zielen des Unternehmens in Deckung zu bringen. Durch eine gezielte Planung mit System können individuelle Themen der Mitarbeiter herausgefunden und angegangen werden (Buchacher, Wimmer 2008, 100):

- Wie ist der Ist-Zustand der Situation, für die eine Änderung herbeigeführt werden soll?
- Wie soll die geänderte Situation, der Soll-Zustand aussehen, das Ziel?
- Welche Hindernisse gibt es, was steht einer Änderung im Wege?
- Welche Ressourcen sind bereits vorhanden?
- Was muss getan werden (Maßnahmen, Tätigkeiten, erste Schritte), damit das gesetzte Ziel, die gewünschte Änderung erreicht wird?

So stehen am Ende ganz konkrete Aufgaben, so werden aus Zielen Maßnahmen.

Was sind die individuellen Ziele des Schülers, die er für sich selber sieht, z.B. im Bereich Leistung?

Was sind die individuellen Ziele des Schülers, die ich als Lehrer für ihn als wichtig erachte, z.B. im Bereich Sozialverhalten?

Was sind die Ziele des Schülers, die sich durch die vorherrschende Situation, z.B. Bedrohung des Erreichens des Klassenziels, ergeben?

Was sind die Ressourcen des Schülers?

Was braucht der Schüler als Unterstützung, um die Ziele erreichen zu können?

Ziele müssen die Chance der Verwirklichung bieten, sie müssen unter den vorliegenden Bedingungen realisierbar sein. Aufgaben müssen so gestaltet werden, dass sie erreichbar sind und die Mitarbeiter u.a. durch eine gute Information befähigt werden, Resultate zu erreichen. Eine gezielte Planung ermöglicht auch eine Korrektur des eingeschlagenen Weges, wenn eine Aufgabe nicht zufriedenstellend erfüllt werden kann: Was muss dann in diesem Fall konkret verändert werden, damit der Mitarbeiter die vereinbarten Ergebnisse erreichen kann?

Qualitative Ziele lassen sich dabei, im Gegensatz zu quantitativen, nicht immer messen, sondern haben eher den Charakter von Grundsätzen und Verhaltensnormen.

Mit Zielen zu führen ist fair und transparent. So kann auch eine weitere wichtige Voraussetzung für das Erreichen von Leistung möglich werden: die Zufriedenheit der Mitarbeiter. Ziele schaffen Klarheit, bündeln die Aufmerksamkeit und geben Orientierung; sie definieren Zuständigkeiten und Verantwortungsbereiche. Das Führen mit Zielen entspricht somit dem Grundbedürfnis des Menschen nach Orientierung, Sicherheit und Leistung. Die Erreichung der Ziele schafft Erfolgserlebnisse, so dass sich beim Mitarbeiter Selbstbewusstsein und Selbstwert, Motivation und Zufriedenheit einstellen können.

Die *Formulierung von Zielen* muss möglichst klar, konkret und eindeutig erfolgen. Ziele müssen festgehalten werden und dem Mitarbeiter auch verbal, nonverbal und schriftlich mitgeteilt werden.

Ziele sollten formuliert sein... (Buchacher, Wimmer 2008, 88 und Laufer 2009, 41ff):

konkret: Der anzustrebende Endzustand ist verbindlich vorzugeben und konkret zu benennen. Die Beschreibung des geplanten Endzustandes muss in sich selber widerspruchsfrei sein und darf auch nicht im Widerspruch zu anderen, bereits vereinbarten Zielen stehen. Werden gleichzeitig mehrere Ziele vereinbart, müssen Prioritäten gesetzt werden. Es ist wichtig, sich immer wieder zu vergewissern, dass man nicht missverstanden wurde.

messbar, kontrollierbar: Es müssen Leistungsstandards, Qualitätsgrade formuliert werden, an denen überprüft werden kann, inwieweit ein Ziel tatsächlich erreicht wurde. „Messbare Ziele ermöglichen es den Mitarbeitern, den Grad ihrer Zielerreichung selbst zu beurteilen und ihre Arbeitsergebnisse als motivierende Erfolge zu erleben." (Laufer 2009, 43).

motivierend, aktivitätsorientiert: Als emotionale Botschaft soll die Bereitschaft zur Zielverfolgung geweckt bzw. gefühlsmäßige Widerstände abgebaut werden. Es sollte möglichst plastisch und überzeugend formuliert werden, präzise und detailliert, mit positiven Beschreibungen dessen, was der Mitarbeiter künftig tun wird (keine Anweisungen, was nicht mehr getan werden soll!). „Je konkreter die Vorstellungen der Mitarbeiter vom Zielbild sind, desto bereitwilliger werden sie darauf hinwirken. Sind die Zielvorstellungen hingegen verschwommen, werden sie unsicher und zögerlich handeln." (Laufer 2009, 42). Die Formulierung sollte in Ich-Form und im Indikativ erfolgen.

realistisch: Ziele sollten herausfordernd formuliert sein, aber auch erreichbar, und damit zur Motivation beitragen.

terminiert: Der Bedarf an Zeit muss realistisch eingeschätzt und festgehalten werden; jede Zielvorgabe und –vereinbarung endet zu einem festgelegten Zeitpunkt.

Werden Ziele von den Führungskräften zusammen mit den Mitarbeitern entwickelt und formuliert, entsteht ein hoher Verbindlichkeitsgrad.

Ich formuliere meine Erwartungen in Form von Regeln, ich formuliere „Verträge" mit den Schülern über zu erbringende Leistungen, z.B. im Bereich Sozialverhalten.

Ich unterstütze meine Schüler, selbst gesetzte Leistungsziele zu äußern und festzuhalten.

Wie kann ich für ein *Ziel*, das ich als Führungskraft für notwendig erachte oder sich durch die Situation zwingend ergibt, bei den Mitarbeitern *Akzeptanz erreichen*?

Damit sich Mitarbeiter für das Erreichen eines Ziels engagieren, müssen sie es akzeptieren und anerkennen und sich mit ihm identifizieren können. „Die Identifikation mit Aufgaben und Zielen gelingt, wenn ein gemeinsames Verständnis über den Sinn der Tätigkeit besteht (…)" (Buchacher, Wimmer 2008, 12).

Diese Zielakzeptanz kann nach Laufer (2009, 37-41) erreicht werden durch:

Eindeutigkeit: Das Ziel muss eindeutig beschrieben sein; die Zielvorgabe darf sich nicht unterschiedlich interpretieren lassen; „Daher ist es für die Zielvereinbarung von entscheidender Bedeutung, dass dem betreffenden Mitarbeiter alle für sein Verständnis notwendigen Informationen in einer für ihn verständlichen Sprache gegeben werden." (Laufer 2009, 38). D.h.:

- Es sind notwendige Informationen und Durchführungshinweise zu geben.
- Der Kenntnisstand des Mitarbeiters muss in Rechnung gestellt werden.
- Komplexere Zielvorstellungen sind zu strukturieren.
- Es sind unmissverständliche Begriffe und Formulierungen zu verwenden.
- Auf Sprachgewohnheiten des Mitarbeiters muss eingegangen werden.

„Um sicherzugehen, dass man nicht missverstanden wurde, ist es wichtig, auf die verbalen und nonverbalen Reaktionen des Gesprächspartners zu achten. Auch Rückfragen oder die Bitte um Wiederholung können die Verständigung absichern." (Laufer 2009, 39).

26

Notwendigkeit: Die Mitarbeiter müssen erkennen können, dass die Zielerreichung tatsächlich notwendig ist, z.B. um die eigene Existenz zu sichern.

Nützlichkeit: Mitarbeiter wollen in ihrem Handeln einen Nutzen für das Unternehmen und für sich selbst erkennen können; dieser ist keineswegs nur materieller Art, sondern kann auch in Spaß, einem persönlichem Erfolgserlebnis, Lob etc. bestehen.

Erreichbarkeit: In den Zielvereinbarungen sollten nur realistische Anforderungen gestellt werden. Die Mitarbeiter müssen daran glauben können, dass sie das gesteckte Ziel mit ihren Fähigkeiten und den verfügbaren Sachmitteln und Befugnissen erreichen können. Eine unrealistische Zielsetzung ist demotivierend (aber auch, wenn Anforderungen zu häufig unter Leistungsniveau gestellt werden).

Ein Flow-Erlebnis, ein Aufgehen in der Sache kann im mittleren Schwierigkeitsgrad entstehen, also dort, wo sich der Grad der Anforderung mit der persönlichen Leistungsfähigkeit trifft, bei Aufgaben, die von ihrer Schwierigkeit zwischen Über- und Unterforderung angesiedelt sind. Die Führungskraft muss daher das Leistungsniveau der Mitarbeiter möglichst genau einschätzen und den Schwierigkeitsgrad der jeweiligen Aufgabe für den jeweiligen Mitarbeiter beurteilen, um hier einen möglichst optimalen Anforderungsgrad zu erreichen (Buchacher, Wimmer 2008).

Angemessenheit: Die Anstrengungen und der Aufwand, die die Zielerreichung dem Mitarbeiter abverlangt, sollen in einem vernünftigen Verhältnis zum erzielbaren Nutzen stehen.

Bekanntheit: Die Arbeitsziele müssen dem Mitarbeiter bekannt sein. Es sollte nichts unreflektiert als selbstverständlich vorausgesetzt werden; wichtige Ziele müssen allen betroffenen Mitarbeitern rechtzeitig, umfassend und gleichmäßig bekannt geben.

Eine aktive Informationspolitik erleichtert die Umsetzung und fördert die Identifikation mit dem Konzept; durch das Einbinden in Entscheidungen wird die Akzeptanz der Ziele erhöht. „Nur wenn der Mitarbeiter den Sinn in den Zielen sieht, ist er bereit, seinen Beitrag zur Zielerreichung zu leisten." (Simon 2009, 70).

So sorge ich für die Akzeptanz meiner Ziele …:

Wird dies alles berücksichtigt und kommt es dennoch zu Ablehnungen, Boykottierungen und zum Verweigern von Zielen, muss zeitnah und verbindlich reagiert werden. In Gesprächen müssen die Auswirkungen einer Zielverfehlung klar aufgezeigt werden, dies hat dann bei Bedarf mit steigendem Nachdruck zu erfolgen. Mängelpunkte müssen konkret angesprochen und Maßnahmen und Vereinbarungen über deren Beseitigung getroffen werden; die Auswirkungen und Konsequenzen eines erneuten Scheiterns müssen mit aller Deutlichkeit vor Augen geführt werden.

Ich agiere und reagiere bei Abweichungen von meinen Vorgaben sofort, ich signalisiere sofort, dass ich die Nicht-Einhaltung realisiere, und fordere die Umsetzung ein.

Diese Konsequenzen, Sanktionen überlege ich mir im Vorfeld, in sich steigender Form…:

_____

_____

_____

_____

_____

_____

_____

_____

III.3.a. Exkurs: Zum Finden der eigenen Position

Als Lehrer ist man, gerade in Erziehungsfragen, mit einer Fülle von Situationen und Anforderungen konfrontiert, die ein schnelles und entschiedenes Agieren und Reagieren erfordern. Woher kann die Sicherheit für das Treffen von Entscheidungen genommen werden, für das erforderliche Handeln in der jeweiligen Situation?

Wenn ich zu einem Thema eine klare innere Haltung und Einstellung entwickelt habe, mir meiner Sache sicher bin, kann es schnell und effektiv gelingen, diese zu verkörpern, zu leben und umzusetzen, d.h. ich brauche als Ausgangsbasis eine klare Position.

Das Wissen und Kennen der eigenen Position ist daher die Grundlage für eine klare Kommunikation und eine authentische Körpersprache, für ein geradliniges Verhalten und entschlossenes Handeln, für die Sicherheit bzgl. der vorgegeben Ziele und Ausrichtung sowie für ein schnelles Entscheiden. Führen bedeutet, sich zu positionieren.

Als Lehrer erhalte ich meine Zielvorgaben u.a. aus Lehr- und Bildungsplänen und Erziehungsaufträgen. Darüber hinaus habe ich aber als Lehr"kraft" auch die Aufgabe und die unglaubliche Chance, selbst die Spielregeln für meine Klasse zu gestalten, sei es als Klassenlehrer, der mit seinen Schülern zusammen einen bestimmten Stil des Umgehens miteinander lebt, oder als Fachlehrer in den unterschiedlichsten Klassen. Ich bin der Verantwortliche für diese 45 Minuten dieser Klasse, dafür, wie ich als Lehrer mit den Schülern umgehe, aber auch dafür, wie die Schüler miteinander umgehen. Es geht daher sowohl um den eigenen Stil, die vorgegebene „Kultur", als auch um die Einstellung gegenüber den Schülern und mein eigenes Menschenbild: Wie sehe ich als Lehrer meine Schüler? Als Abhängige, Unwissende oder als Potenzial für die Zukunft? Wie definiere ich meinen persönlichen Bildungsauftrag, meine Rolle ihnen gegenüber? Als über ihnen Stehender oder als verantwortlicher Vermittler und Begleiter? Welche Kultur des Umgehens miteinander, auch unter den Schülern, will ich schaffen? Was will ich vorleben?

Auf der Suche nach Antworten auf diese Fragen kann ein Blick auf die Entwicklung und Formulierung von Visionen und Leitbildern, der Kultur und Führungsgrundsätzen in Unternehmen hilfreich sein (Simon 2009).

Visionen

Eine Vision ist eine Zielvorstellung mit Richtungscharakter, sie entwirft ein Zukunftsbild, das angestrebt werden soll. Die Vision soll animieren und inspirieren, sie zielt auf die Motivation der Beteiligten. Sie soll herausfordern und die Energien der Menschen auf ein gemeinsames Ziel hin ausrichten, so dass Absichten in Handlungen umgesetzt werden. Visionen müssen nicht nur gedacht, sondern aktiv kommuniziert werden, ihre verfolgte Absicht wird durch die Formulierung von Zielen weiter konkretisiert. Ineffektive oder fehlende Führung lässt sich oft auf das Fehlen von Visionen und Zielen zurückführen.

Die Motivation meiner Schüler wird maßgeblich von meiner Fähigkeit als Lehrer mit beeinflusst sein, ihnen eine Vision von ihrem Lernerfolg zu geben, von dem Nutzen des Erreichten für ihr Leben und ihre Zukunft.

Als Vision für meine Schüler sehe ich …

Leitbilder

Um alle Beteiligten auf eine gemeinsame Richtung hin einzustimmen, bedarf es eines Leitbildes. Leitbilder machen als Idealbild und Leitsystem Aussagen über Verhaltensweisen, über die Art und Weise des Umgangs miteinander. Sie sollen dazu beitragen, das individuelle Verhalten der Beteiligten auf die angestrebte Orientierung auszurichten. Das Leitbild beschreibt, welche erstrebenswerten Zustände als wichtig erachtet werden und enthält Soll-Vorstellungen über die angestrebte Gestaltung der zwischenmenschlichen Beziehungen. Somit bietet es einen Orientierungsrahmen für das Handeln und Entscheiden.

Die Führungskraft nimmt beim Entwurf des Leitbildes sozusagen die Rolle eines sozialen Architekten ein. Da das Leitbild Erwartungen an das Verhalten aller formuliert, sind aber auch „(…) die „Verhaltensakteure", also die Mitarbeiter, in den Entstehungs- und Diskussionsprozess möglichst miteinzubeziehen." (Simon 2009, 204). Ein von den Mitarbeitern selbst mitverfasstes Leitbild verstärkt die Identifikation und Akzeptanz und gewährleistet einen wirksameren Transfer. Nur Leitbilder, die auf eine breite Zustimmung stoßen, haben die Chance, richtig angewandt und damit gelebt zu werden.

Die Führungskräfte müssen sich dabei ihrerseits selbst als Leitfiguren, Impulsgeber und Vorbild für die Leitphilosophie erweisen, d.h. das Leitbild muss sich im Verhalten der Führungskraft niederschlagen. „Der Inhalt von Leitbildern muss den wirklichen Auffassungen und Absichten der (…) Führungskräfte entsprechen und durch deren eigene Entscheide und Handlungen sichtbar bestätigt werden." (Simon 2009, 202).

Die schriftliche Formulierung von Leitbildern verleiht ihnen einen gewissen programmatischen Charakter und ermöglicht es, alle an die Einhaltung zu erinnern; daraus resultiert auch ein gewisser Druck auf alle, das Leitbild umzusetzen.

Gelebte Leitbilder in meiner Klasse, z.B. in Form von Regeln des Umgangs miteinander, sollen sein …:

_____

_____

_____

_____

_____

_____

_____

So will ich mich auch selbst meinen Schülern gegenüber verhalten …:

_____

_____

_____

_____

_____

_____

_____

(Unternehmens-) Kultur
Der Begriff der Kultur beschreibt ein von den Mitgliedern einer Gruppe von Menschen angenommenes und getragenes System von Vorstellungen und Denkhaltungen, das, was sozusagen das Besondere, den Stil ausmacht. Die Unternehmenskultur stellt als Unternehmensphilosophie die Grundlage für das Entwickeln von Leitbildern dar.

Ein Kernelement der Unternehmenskultur stellt ein gemeinsam geschaffenes und geteiltes Werte- und Normensystem dar. „Es trägt dazu bei (…), Entscheidungen und Handlungen zu beeinflussen und zu legitimieren. Werte sind Vorstellungen darüber, wie bestimmte Dinge sein sollen. Als Beurteilungsmaßstäbe helfen sie dem Individuum, Entscheidungen zu treffen." (Simon 2009, 209).

Die Unternehmenskultur liefert den Sinngehalt für das Verhalten, sie schwört die Mitarbeiter auf die Unternehmensphilosophie und –werte ein und weckt so die Bereitschaft der Mitglieder, sich für die übergeordneten Ziele und deren Realisierung zu engagieren. Durch diesen Konsens für alle, dieses Wir-Gefühl stärkt sie das Zugehörigkeitsgefühl und den Team-Geist der Mitarbeiter.

Unternehmenskulturen müssen gelebt und an Verhaltensweisen erkannt werden können, d.h. sie dienen auch als Kontrollmechanismus, der spezielle Verhaltensweisen akzeptiert oder reglementiert, nach innen z.B. im Führungsstil, im Umgang der Vorgesetzten mit den Mitarbeitern, dem Umgang mit Konflikten und der Art der Zusammenarbeit, aber auch nach außen, z.B. in der Berücksichtigung gesellschaftspolitischer Verantwortung und ökologischer Fragestellungen.

Die Unternehmenskultur findet sich auch wieder in der Sprache und wird auch sichtbar im Erscheinungsbild, z.B. in der Kleidung (s. Schuluniformen, Bekleidungsvorschriften!) oder in der Architektur und Gestaltung von Räumen (s. Schulgebäude- und Klassenzimmergestaltung!), sowie in Ritualen und Zeremonien, die zur Identifizierung und Formung der Unternehmensidentität beitragen, z.B. Feiern, Veranstaltungen (s. Schulleben!).

Als Kultur an meiner Schule wünsche ich mir und werde diese so mit etablieren und mit gestalten ...:

_____ _____

_____

_____

_____

_____

_____

_____

_____

_____

Führungsgrundsätze

Führungsgrundsätze beschreiben das von einer übergeordneten Instanz, z.B. Eigentümer des Unternehmens oder Vorstand erwartete Verhalten von Vorgesetzten gegenüber ihren Mitarbeitern. Die Mitarbeiter erfahren dadurch eine gewisse Sicherheit, die Möglichkeit, das Führungsverhalten ihrer Vorgesetzten anzumahnen und darauf Einfluss zu nehmen. Führungsgrundsätze müssen widerspruchsfrei und einheitlich sein, es wird eine Gleichbehandlung der Mitarbeiter angestrebt.

Voraussetzung für die Wirksamkeit von Führungsgrundsätzen ist, dass auch die Unternehmungsleitung selbst diese anerkennt bzw. erarbeitet und initialisiert hat. Die Vorgesetzten selbst müssen bereit sein, sich an den eigenen Maßstäben messen zu lassen und ihr eigenes Verhalten danach auszurichten.

Zur Unterstützung der Umsetzung steht das Unternehmen seinen Vorgesetzten gegenüber mit Maßnahmen zur Schulung und Weiterbildung zum Thema Führungstheorie und -praxis in der Pflicht.

*Von meinen eigenen Vorgesetzten (Schulleiter, Einrichtungsträger) erhoffe ich mir
...:*

_____

_____

_____

_____

_____

_____

_____

_____

III.4. Ich bin kompetent und besitze Qualitäten

Es scheint nur einige universelle Kompetenzen zu geben, die einen empirisch belegten Zusammenhang mit Führungserfolg haben und als Grundvoraussetzung angesehen werden können. Dazu zählen neben der fachlichen und methodischen Kompetenz der Führungskraft v.a. die soziale Kompetenz und die emotionale Intelligenz (Simon 2007).

In verschiedenen Ansätzen und Untersuchungen der Führungslehre werden als wichtigste Führungskompetenzen, also Eigenschaften, die die Führungskraft haben sollte, und Fähigkeiten, die zum erfolgreichen Führen notwendig sind, am häufigsten genannt (Laufer 2009, 15f):

Führungswille,

Zielorientiertheit,

Erfolgsorientierung,

Entscheidungsfähigkeit,

Verantwortungsbewusstsein,

Risikobereitschaft,

Überzeugungskraft,

Realitätssinn, Problemsensibilität,

Begeisterungsfähigkeit,

Motivationsfähigkeit,

Kontaktfreudigkeit,

Lebens- und Berufserfahrung,

Optimismus,

Kommunikationsfähigkeit,

32

Konfliktfähigkeit,

Ganzheitliches Denken,

Kreativität, Flexibilität,

Vertrauensorientiertheit,

Ehrlichkeit, Offenheit,

Gerechtigkeitssinn, Fairness,

Kontinuität, Berechenbarkeit,

Authentizität und

Einfühlungsvermögen.

Viele Führungseigenschaften lassen sich bis zu einem gewissen Grad erlernen bzw. weiterentwickeln, daher hat jeder Mensch die Chance, sich zu einer Führungsperson zu entwickeln; neben den notwendigen Charaktereigenschaften und den erworbenen Fähigkeiten braucht es aber auch eine gewisse persönliche Ausstrahlung.

Hendrich (Hendrich 2008) nennt als einzelne Werkzeuge, durch die Führungscharisma strahlen und wirken kann, und die er für erlernbar hält:

- Aufmerksamkeit und Achtsamkeit
- Vertrauen und Berechenbarkeit
- Wertschätzung und Respekt

Werden diese Aspekte gezeigt und gegeben, wird man sie auch erhalten; so erwirbt man durch Achtsamkeit Beachtung, durch Berechenbarkeit und Klarheit Vertrauen und durch wertschätzendes und respektvolles Verhalten Respekt.

Um komplexe Situationen der Mitarbeiterführung mit einem hohen affektiven Anteil zu bewältigen, sind im Bereich der Sozialkompetenz v.a. die emotionalen Fähigkeiten, ist die *Emotionale Intelligenz* gefragt.

Emotional intelligente Menschen kennen sich und ihre Gefühle gut und besitzen Fähigkeiten, die für die Beziehungspflege zu und den Umgang mit anderen Menschen von enormer Bedeutung sind: Sie sind in der Lage, die eigenen Gefühle zu kontrollieren und vertrauensvolle Beziehungen zu Mitarbeiter aufzubauen, deren Wohlbefinden zu fördern und das Betriebsklima positiv zu gestalten sowie Konflikte konstruktiv zu lösen. Emotional intelligente Menschen zeichnen sich in der Regel durch gute Führungsqualitäten aus.

Nach Simon (2007) sind die fünf Elemente der emotionalen Intelligenz:

Selbstwahrnehmung, Selbstreflexion:
Selbstreflektierte Menschen erkennen ihre eigene Gefühle, sowie deren Auswirkungen auf andere; sie haben ein realistisches Bild ihrer eigenen Stärken und Schwächen und können sehr gut einschätzen, welche Aufgaben ihren Fähigkeiten entsprechen.

Selbstkontrolle:
Emotional intelligente Menschen sind bemüht um eine innere Ausgeglichenheit.

Selbstmotivation:
Sie sind in der Lage, aus sich selbst heraus Leistungsbereitschaft und Begeisterungsfähigkeit zu entwickeln.

Empathie:
Emotional intelligente Menschen sind imstande, sich in das Denken und Fühlen eines Anderen hineinzuversetzen; sie sind achtsam und empfänglich für Signale, die ihnen vermitteln, was ihr Gegenüber empfindet oder braucht. Sie empfinden Respekt, Akzeptanz und Verständnis für dessen Denken und Handlungsweisen.

Soziale Kompetenz:
Sozial kompetente Menschen verstehen es, Beziehungen zu anderen Menschen aufzubauen, sie sind fähig und bereit, sich mit anderen Menschen verantwortungsbewusst auseinanderzusetzen und sich beziehungsorientiert zu verhalten. Neben diesem situations- und personenbezogenen Denken und Handeln im kommunikativen Bereich umfasst Sozialkompetenz auch die Fähigkeit zum konstruktiven Umgang mit Anderen, zu Kritik, Kooperation, Teamarbeit und zum Umgang mit Konflikten.

Das Vier-Schlüssel-Strategien-Modell von Bennis und Nanus (Simon 2009) beschreibt Qualitäten erfolgreicher Führungskräfte und gibt davon ausgehend Strategieempfehlungen, wie in Form von vier Qualitäten und Formen der *Sozialkompetenz* Führungsfähigkeiten entwickelt und verbessert werden können. Neben einer guten Kommunikationsfähigkeit und dem Erzielen von Aufmerksamkeit durch Visionen werden hier zwei weitere zentrale Punkte genannt:

Die befragten Führungskräfte zeigten die Stärke, sich durch das Bekenntnis zu einer Position Vertrauen zu erarbeiten. „Menschen vertrauen denjenigen, die kalkulierbar sind, das bedeutet, dass sie Menschen vertrauen, die bestimmte Ziele haben und diese auch strikt verfolgen." (Simon 2009, 317). Voraussetzung für das Schaffen und Entstehen von Vertrauen sind daher eine realistische Zielsetzung und eindeutige, hartnäckige Maßnahmen, um diese zu verwirklichen sowie das Beziehen eines Standpunktes.

Die erfolgreichen Führungskräfte profitierten nach Bennis und Nanus außerdem von einem positiven Selbstwertgefühl als Basis ihrer Persönlichkeitsentfaltung. Als Merkmal eines positiven Selbstwertgefühls zeigte sich v.a. das Wissen um die eigenen Stärken, mit dessen Hilfe auch Schwachstellen ausgeglichen werden können. Weiterhin war eine Übereinstimmung zwischen den persönlichen Stärken und den Erfordernissen der Organisation bedeutsam; die Führungskräfte wussten scheinbar genau, welche Stellen und Positionen ihren Qualifizierungen entsprachen. Menschen mit einem positiven Selbstwertgefühl können dieses auch auf Andere übertragen, zwischen Anderen Achtung auslösen und müssen bei Anderen weniger Kritik anwenden.

Die befragten erfolgreichen Führungskräfte, auf die sich die Untersuchung bezieht, zeigten im Umgang mit Menschen weiterhin folgende Eigenschaften (Simon 2009, 322f):

- **Toleranz**: Die Führungskräfte tolerieren ihre Mitarbeiter mit ihren Stärken und Schwächen.
- **Empathie**: Sie sind in der Lage, sich in andere Menschen hineinzuversetzen, um ihre Sichtweise besser zu verstehen.
- **Aktualität**: Sie lösen Probleme aufgrund jetziger Bedingungen (nicht anhand früherer Geschehnisse); die Gegenwart wird als Basis zur Problemvermeidung gesehen.
- **Aufmerksamkeit**: Sie behandeln Menschen rücksichtsvoll und aufmerksam.
- **Vertrauen**: Sie können Vertrauen geben und erachten dies als sinnvoll.

Als weitere charakteristische Qualitäten von effektiven Führungskräften wurden in der Untersuchung beschrieben (Simon 2006, 324f):

Beharrlichkeit, Selbsterkenntnis über die Bereitschaft, Risiken einzugehen und Verluste zu akzeptieren, Engagement, Konsequenz, Hartnäckigkeit und Risikofreude

Bereitschaft, ständig Neues hinzuzulernen, durch Fortbildung den eigenen Horizont zu erweitern, gewonnene Erkenntnisse und Ideen auf das Unternehmen zu übertragen

Sie vermögen Unsicherheit zuzugeben und mitzuteilen, Fehler ins Positive zu wenden, für die Zukunft zu planen, zwischenmenschliche Fähigkeiten (Zuhören, Ermutigen, Eingehen auf Wertkonflikte etc.) zu erhalten sowie Selbsterkenntnis zu gewinnen.

Auch für Laufer (Laufer 2009) ist eine zentrale Eigenschaft und Qualität einer Führungskraft, dass sie es vermag, Mitarbeitervertrauen zu gewinnen. Vertrauen muss sich erst entwickeln, man muss es sich erwerben. Vertrauensvolles Führungsverhalten den Mitarbeitern gegenüber weckt und schafft auch beim Mitarbeiter Vertrauen, er wird daraufhin seinerseits ein vertrauenswürdiges Verhalten zeigen.

Für die Bereitschaft, sich von jemandem führen zu lassen, ist ein wesentliches Kriterium die Geradlinigkeit des Führenden, die Vorhersehbarkeit und Klarheit seiner Aktionen. Der Mitarbeiter will wissen, woran er bei seinem Vorgesetzten ist und was er von ihm zu erwarten hat; seine Vertrauenswürdigkeit entsteht durch die Bestätigung von Erwartungen. „Vertrauen ist die Grundlage dauerhaft erfolgreichen Führens und Vertrauen setzt Berechenbarkeit voraus." (Laufer 2009, 92).

Entscheidend ist also, sich zu seinen eigenen Grundsätzen zu bekennen, authentisch zu sein und damit glaubwürdig zu werden. „Mitarbeiter wünschen sich vom Vorgesetztenverhalten vor allem Verlässlichkeit und Glaubwürdigkeit. Sie wollen wissen, woran sie sind und woran sie ihr eigenes Verhalten orientieren können." (Laufer 2009, 35). Mitarbeiter erhoffen sich von den Führungskräften Integrität, einen Einklang zwischen Werten und Verhalten, Sagen und Tun; diese praktizierte Konsequenz ist vorhersehbar und berechenbar und schafft die Grundlage für Respekt und Vertrauen. Dazu gehört auch, sich als Führungskraft nicht selber zu schonen, sondern ein überzeugendes Vorbild zu sein und sich in kritischen Situationen vor seine Leute zu stellen.

Die Mitarbeiter werden ihren Vorgesetzten außerdem folgen, wenn sie deren *fachliche Kompetenz* und „Autorität" anerkennen, ihr fachspezifisches Wissen und Können, ihre problemrelevanten Sach- und Fachkenntnisse, ihre Erfahrung und Fähigkeiten (Buchacher, Wimmer 2008, Simon 2009).

Die Weiterentwicklung aller angestrebten Kompetenzen zu einem optimalen Soll-Zustand führt zur eigentlichen *Handlungskompetenz* (Simon 2007): der Fähigkeit, die im Zusammenhang mit den Schlüsselqualifikationen erlangten Fertigkeiten, Fähigkeiten, Erkenntnisse und Verhaltensweisen anzuwenden und umzusetzen. Durch sie können Probleme der Berufssituation zielorientiert und auf der Basis geeigneter Handlungsschemata selbständig gelöst, die gefundenen Lösungen bewertet und das Repertoire der Handlungsfähigkeiten erweitert werden.

Welche Eigenschaften habe ich früher selbst als Schüler bei meinen eigenen Lehrern geschätzt, wer hat mich damals von sich überzeugt, und warum?

_____

_____

_____

_____

_____

_____

_____

_____

Was erwarten die Schüler wohl von mir?

_____
_____
_____
_____
_____
_____
_____
_____
_____
_____
_____
_____

Für meine Schüler will ich sein...

_____
_____
_____
_____
_____
_____
_____
_____
_____
_____
_____

III.5. Ich variiere meinen Führungsstil und mein Führungsverhalten situationsabhängig

Neben Modellen, die sich mit den Eigenschaften einer Führungskraft befassen, gibt es in der Führungslehre auch Ansätze, die sich mit der Frage beschäftigen, was eine Führungskraft tut, also welches Führungsverhalten sie zeigt.

So unterscheidet Kurt Lewin drei „klassische" Typen an Führungsverhalten (Buchacher, Wimmer 2008, 28ff), die sich stufenweise zwischen den Gegenpolen einer minimalen und hohen Lenkung sowie einer Geringschätzung und hohen Wertschätzung bewegen und sich auch dadurch unterscheiden, wie mit der durch Legitimation und Befugnis erteilten, verliehenen Macht umgegangen wird:

Im *autokratischen, direktiven Führungsstil* gibt die Führungskraft Anordnungen und Anweisungen, aber wenig Informationen; sie trifft Entscheidungen alleine und begründet diese nicht, sie lässt wenig Diskussion zu und kontrolliert viel.

Der *gewährende Führungsstil (Laissez-faire)* ist geprägt durch eine weitestgehende Freiheit für die Mitarbeiter: Die Führungskraft stellt nur benötigtes Material und Informationen zur Verfügung und zeigt ansonsten ein Minimum an Führung und Einflussnahme.

Der *demokratische, kooperative, partnerschaftliche Führungsstil* ist zielorientiert und geprägt durch einen guten Informationsfluss und die Beteiligung der zu Führenden am Entscheidungsprozess. Er zeichnet sich aus durch „(…) „soziale" und „partizipative" Führungsbeziehungen, also durch die Betonung der Bereiche Vertrauen, wechselseitige Unterstützung, Selbstentfaltung, Achtung des Einzelnen und der Menschenwürde." (Simon 2009, 200).

Balke und Mouton sehen in ihrem Modell (Buchacher, Wimmer 2008, 32ff) das Führungsverhalten aufgespannt zwischen den beiden Achsen der *Aufgabenorientierung* (Sache, Ziele) einerseits und der *Mitarbeiterorientierung* (Menschen, Atmosphäre) andererseits:

Das *aufgabenorientierte (ziel-, leistungs-) Führungsverhalten* ist auf Ergebnisse gerichtet: Es werden klare Ziele gesetzt, Arbeitsaufträge gegeben, Probleme formuliert und Aufgaben delegiert; es gibt Tempo, Rationalisierungen, Druck, Kritik, es wird auf Qualität geachtet, Fehler werden behoben usw.

Das *mitarbeiterorientierte (beziehungs-, sozial-emotionale) Führungsverhalten* fördert den Gruppenzusammenhalt: Es erfolgt Ermutigung, Achtung und Wertschätzung, Lob und Anerkennung, man findet Vertrauen, Kontaktbereitschaft, Gleichbehandlung und ein gutes Betriebsklima; den Mitarbeitern wird zugehört und sie werden einbezogen, gefördert und entwickelt.

So erstreckt sich in diesem Modell das Feld des Führungsverhaltens zwischen den beiden Polen des Menschen auf der einen und der Sache auf der anderen Seite, gestuft mit einer jeweils geringen bis hohen Ausprägung:

- z.B. wenig Sache, viel Mensch: Die Führungskraft ist beliebt, aber leistungsschwach. Es herrscht eine freundliche Atmosphäre, die Führungskraft will es allen recht machen, die Harmonie hat bei ihr Priorität vor den Arbeitsergebnissen, so dass es zu einer geringeren Arbeitsleistung kommt.
- z.B. viel Sache, wenig Mensch: Die Führungskraft ist leistungsstark und autoritär, Arbeitsergebnisse haben Priorität und werden durch Autorität, strikte Anweisungen und Kontrolle angestrebt; es liegt eine schlechte Arbeitsatmosphäre vor.
- z.B. viel Sache, viel Mensch: Die Führungskraft sorgt optimal für Leistung und Klima und schafft engagierte und zufriedene Mitarbeiter, die sich beteiligen; die Umsetzung dieses Stils ist sehr zeit- und energieaufwendig, schafft aber eine hohe Arbeitsleistung.

Beides braucht situativ die Zuwendung der Führungskraft, auf der einen Seite die Wahrnehmung der Mitarbeiter sowie auf der anderen Seite die gemeinsame Ausrichtung auf Ziele. So zeigt sich die Führungskunst darin, hier die Balance zu halten.

Die Beurteilung dieser Führungsstile und des Führungsverhaltens ist immer abhängig von der jeweiligen Situation; ein Führungsstil ist nicht per se besser als der andere, jeder für sich kann in seinem jeweils angewandten Kontext und unter den vorherrschenden Bedingungen effektiv und erfolgreich sein. „Wann ein Führungsstil Erfolg bringt, ist abhängig von der Führungsperson, der Situation und dem Mitarbeiter." (Kolzarek, Lindau-Bank 2011). Die Entscheidung über optimales Führungsverhalten ist in gewissem Umfang immer personen-, situations- und aufgabenbezogen. Jedes Verhalten ist abhängig von situativen Faktoren, hat einen Bezugsrahmen, einen räumlichen und zeitlichen Kontext, Bedingungen, Ursachen, Auslöser oder Umstände, die auf einen Menschen einwirken und ein Verhalten auslösen.

Um situationsangepasst und anforderungsgerecht führen zu können, muss eine Führungskraft daher über Situationsgespür verfügen, um diese Einflussfaktoren zu erkennen und sich mit ihrem angewandten Führungsverhalten auf die unterschiedlichen Gegebenheiten einzustellen (Simon 2007 und 2009). „Jedes Führungsverhalten besteht aus einem geringen, mittleren und hohen Anteil an Aufgabenorientierung und einem geringen, mittleren und hohen Anteil an Mitarbeiterorientierung. (…) Die effektive Führungskraft führt situativ. Sie verwendet die richtige Mischung (…) je nach Erfordernissen der Situation." (Buchacher, Wimmer 2008, 34f). Sie hat in ihrem Verhaltensrepertoire eine Bandbreite von Verhaltensmöglichkeiten zur Verfügung, die sie in der jeweiligen Situation angemessen handeln lässt.

Auch wenn einem persönlich z.B. der demokratische Führungsstil eher zusagt und auch angesichts der heutigen gesellschaftlichen Bedingungen und des Selbstverständnisses der Mitarbeiter eine erfolgreiche Führung überwiegend den demokratisch geprägten Führungsstil erfordern wird, muss in bestimmten Situationen und um besonderen Bedingungen gerecht zu werden auch davon abgewichen und ein anderes Führungsverhalten gezeigt werden.

So können in einer konkreten Situation, z.B. je nach der Dringlichkeit einer Entscheidung und je nach der Art der zu erledigenden Aufgabe, durchaus auch die Vorzüge des autokratischen Stils überwiegen bzw. notwendig sein. „Im Sinne des situationsgerechten Führens müssen notfalls trotz grundsätzlich demokratischen Führungsverständnisses auch autokratische Maßnahmen ergriffen werden, wenn ein weiteres Tolerieren nicht mehr vertretbar ist. (…) Das hartnäckige Bestehen auf eine vorgabengerechte Aufgabenerfüllung bedeutet noch keine Abkehr vom demokratischen Führungsstil. (…). Konsequente Zielverfolgung und demokratischer Führungsstil müssen einander nicht ausschließen." (Laufer 2009, 82).

Im repressiven Weg, der eher dem autokratischen, sachorientierten Stil entspricht, werden Widerstände durch Machtausübung gebrochen. Dies ist der angemessene Weg, wenn… (Laufer 2009, 79):

- die Dringlichkeit keine zeitaufwändigen Erläuterungen zulässt,
- der Überzeugungsaufwand unverhältnismäßig hoch wäre, oder
- bindende Vorgaben keine Alternativen zulassen.

In einer bestimmten Situation anders zu handeln, heißt nicht, den eigenen bevorzugten Stil aufzugeben. „Jede Führungskraft bildet einen persönlichen Führungsstil aus, der zum eigenen Persönlichkeitstyp passt." (Buchacher, Wimmer 2008, 34). Dieser Hauptstil fällt der Führungskraft leicht; er führt oft zum Erfolg und die Mitarbeiter können sich darauf verlassen. „Aber nur ein Teil der Führungsaufgaben lässt sich mit dem Hauptstil effektiv meistern. Für die anderen Situationen sind Beweglichkeit und Flexibilität im Führungsverhalten angebracht: Mal braucht es die strikte Anweisung, ein anderes Mal das aufmunternde Wort." (Buchacher, Wimmer 2008, 34).

So kann man die Stärken seines hauptsächlichen Führungsstils für den Normalgebrach nutzen, aber für bestimmte Situationen braucht es die Flexibilität, anders zu agieren. Das Vertrauen in den eigenen Führungsstil ist gut für all die Situationen, in denen er sich als effektiv erwiesen hat; deshalb darf aber nicht auch in geänderten Situationen starr am gewohnten Stil festgehalten werden! Wenn die optimale Anpassung an die Situation es erfordert, muss der eigene Hauptstil durch ein anderes Führungsverhalten erweitert, müssen eigene Verhaltensweisen verändert und weiterentwickelt werden.

Voraussetzung für ein reflektiertes, bewusstes Gestalten ist daher neben dem Erkennen der Anforderungen der Situation auch die Kenntnis von sich selbst: „Wer andere führen will, muss sich selbst kennen. Denn wer seine Stärken, Schwächen, Vorlieben und Wirkungen kennt, kann sich in unterschiedlichen Situationen für das jeweils wirksame Führungsverhalten entscheiden." (Buchacher, Wimmer 2008, 38).

Neben der Anpassung an die Situation und die Berücksichtigung der eigenen Begebenheiten ist der Führungsstil auch auf den Mitarbeiter abzustimmen, an seine Fähigkeiten und sein Wissen, seine Mentalität und sein Engagement und an die Herausforderung der zu leistenden Aufgabe für ihn. Die individuellen Bedürfnisse, bisherigen Gewohnheiten und Wertvorstellungen der Mitarbeiter sind zu berücksichtigen und als Gegebenheiten zu akzeptieren, auf die die eigene Führungsstrategie aufgebaut werden muss. Arbeitet jemand lieber selbständig, so dass Aufgaben zunehmend delegiert werden können, oder wird jemand lieber angeleitet und benötigt konkrete Unterstützung und Lenkung? „Diese unterschiedlichen persönlichen Reifegrade von Mitarbeitern sind oft das Ergebnis früherer Führung. Vor diesem jeweils individuellen Hintergrund wird oft ein und derselbe Führungsstil von den Geführten sehr unterschiedlich aufgenommen." (Laufer 2009, 34).

Gerade deshalb ist es wichtig, trotz des Situationsbezugs eine klare Zukunftslinie zu verfolgen: Jede Führungsmaßnahme, jedes Führungsverhalten hat auch eine Zukunftsdimension. „Mit der Art des Verhaltens in einer aktuellen Situation setzt man automatisch Maßstäbe für die Zukunft, an denen einen die Mitarbeiter in künftigen ähnlichen Situationen messen werden. Was man heute zulässt, kann man morgen nicht untersagen, ohne Enttäuschungen auszulösen und irgendwann unglaubwürdig zu werden." (Laufer 2009, 33).

Der Führungsstil, der mir persönlich am meisten liegt, ist …:

_____
_____
_____
_____
_____
_____
_____
_____

Unter den folgenden Umständen (Situation / Herausforderung / Schülerverhalten) bin ich bereit, von meinem bevorzugten Führungsverhalten auch abzuweichen …:

_____
_____
_____
_____
_____
_____
_____
_____

Wenn es erforderlich ist, werde ich mich auch so verhalten: …

_____
_____
_____
_____
_____
_____
_____
_____

III.5.a. Exkurs: Zum Weiterentwickeln der eigenen Persönlichkeit

Die Persönlichkeit des Lehrers ist seit John Hattie wieder in aller Munde. Was ist sie, die Persönlichkeit? Welchen Anforderungen muss sie genügen? Kann sie weiterentwickelt werden und wenn ja, wie?

Der Erfolg in Beruf und Alltag hängt zu einem großen Teil von der Persönlichkeit des jeweiligen Menschen ab, von seinem Denken und Fühlen, seinem Wollen und Tun.

In der Persönlichkeitspsychologie gibt es zahllose Theorien, die sich z.T. widersprechen. In unserem Verständnis soll nach Walter Simon (Simon 2007) mit Persönlichkeit ein Individuum gemeint sein, das zum bewussten Subjekt wird, seine Handlungen verantwortet und seine Individualität entwickelt. Es handelt sich um ein einzigartiges, individuelles Muster von Eigenschaften, die relativ überdauernd das Verhalten eines Menschen bestimmen und das Einmalige an ihm ausmachen, sein charakteristisches Denken, Handeln und Fühlen.

Die Entwicklung der Persönlichkeit ist ein nie endender Weg, die vielfältigen Herausforderungen des Lebens führen dazu, dass wir jeden Tag weiter reifen. Es handelt sich um einen lebenslangen dynamischen Prozess, an dem die innere, körperliche und geistige Konstitution, die genetische Struktur und die äußere Realität, die Umwelt aktiv beteiligt sind. Es erfolgt ein ständiges Ineinandergreifen von Genen, individuellen Eigenschaften und Umweltdeterminanten; viele Verhaltensmuster lassen sich auf das Erbgut zurückführen, andere sind erworben. Externe Einflüsse auf den Entwicklungsprozess finden sich in der Familie, den Freunden, der Schule, Medien, dem Beruf, sozialen Gruppierungen und der Gesellschaft. Die Arbeit ist ein wichtiger Mitgestalter der eigenen Identität, am Arbeitsplatz werden implizite Erwartungen an das Individuum gestellt.

Im Persönlichkeitsentwicklungsprozess kann der Austausch zwischen einer Person und ihrer Umwelt dabei reaktiv erfolgen, im Sinne einer passiven Anpassung an eine Situation, oder proaktiv, indem der Mensch seine Umwelt selbst gestaltet, über sich selbst bestimmt und die eigenen Bedürfnisse und Interessen mit der Umwelt abstimmt.

Meine Persönlichkeit ist entwickelbar.

Ich bin meinem Umfeld nicht passiv „ausgeliefert", sondern kann meine Um-Welt selbst aktiv mitgestalten.

Muss man nun einen bestimmten Persönlichkeitstyp besitzen, um in einer Führungsposition erfolgreich sein zu können?

Die beruhigende Nachricht lautet: Sowohl die Lehre als auch Erfahrungswerte aus der Arbeit mit unterschiedlichen Persönlichkeitstypologien zeigen, dass es *den* idealen Typ als Führungskraft nicht gibt. Aus der wissenschaftlichen Forschung gibt es keine einheitlichen Ergebnisse dazu, was eine kompetente Führungspersönlichkeit ausmacht, auch die Ansichten darüber sind unterschiedlich. „Jeder Führungstyp ist dann erfolgreich, wenn er möglichst gut zu den Anforderungen der Situation passt." (Buchacher, Wimmer 2008, 44).

Ich muss nicht einen bestimmten Persönlichkeitstyp besitzen, um als Lehrkraft erfolgreich sein zu können.

Das bedeutet aber sehr wohl, dass ich mich selbst gut kennen muss, um abschätzen zu können, ob ich mit meiner Persönlichkeit zu den Anforderungen einer Führungsposition passe.

Jeder Mensch besitzt Teile unterschiedlicher Persönlichkeitstypen (z.B. dominant, initiativ, gewissenhaft, stetig) in einem einzigartigen Mischungsverhältnis. Jeder kann sein eigenes Persönlichkeitsprofil abschätzen, indem er in bestimmten Situationen seine Verhaltenstendenzen abfragt, z.B.: Wie erlebe ich andere Menschen, wie komme ich damit zurecht, in Gruppen von Menschen zu agieren? Wie reagiere ich auf mein Umfeld, bestimmt und offen, weil ich mich stärker fühle, oder zurückhaltend, weil ich mich schwächer fühle? Was entspricht mir mehr oder was weniger? Wo finde ich mich stärker wieder?

Was fühle und denke ich z.B., wenn ich als „Unbeteiligter" privat in der U- oder S-Bahn auf Klassen oder Schülergruppen treffe?

Liegt es mir z.B., (je nach Schulart) an einem Vormittag mit bis zu ca. 180 verschiedenen Personen zu kommunizieren und zu interagieren?

Die Beschäftigung mit dem eigenen Persönlichkeitstyp, mit den persönlichen Stärken und Schwächen kann dann zum Richtungsgeber werden: Stellt man nun dem eigenen Persönlichkeitsprofil die Anforderungen der Situationen gegenüber, in die man sich begeben will bzw. aus beruflichen Gründen begeben muss, z.B. in einer Führungsposition, so ergibt dies interessante Aufschlüsse über mögliche Stressquellen und über zur Verfügung stehende Potenziale, die es zu nutzen gilt. „Wo ich Dinge tun muss (oder glaube, sie tun zu müssen), die meinem Typ nicht entsprechen, entsteht Stress. Wo ich Dinge noch nicht tue, die meinem Typ entsprechen würden, liegen gut aktivierbare Potenziale." (Buchacher, Wimmer 2008, 44).

Wie schätze ich die Anforderungen des Lehrerberufs, der Rolle als Führungsperson an meine Persönlichkeit ein, v.a. auch im sozial-emotionalen Bereich? Wie passen sie zu meinen persönlichen Möglichkeiten und Grenzen?

_____

_____

_____

_____

_____

_____

_____

_____

Aufgaben, die mit den eigenen Stärken korrespondieren, gehen leicht von der Hand, hier ist man erfolgreich. Was aber nun mit den Aufgaben in den Bereichen, in denen man schwächer ist und die einem Mühe bereiten und die trotzdem im Beruf unvermeidlich sind? Wenn man feststellt, dass die eigenen Verhaltensweisen in bestimmten Situationen den aktuellen Herausforderungen nicht gerecht werden, wenn also Veränderungsbedarf besteht? Wie kann es dann gelingen, die eigenen Fähigkeiten mit den äußeren Anforderungen, die an mich gestellt werden, möglichst in Einklang zu bringen?

Hier sollte man sich unterstützen lassen und versuchen, sich weiterzuentwickeln.

Simon (2009) zählt die *Persönlichkeitskompetenz*, die Fähigkeit, die eigene Person optimal zu entwickeln, zu den im beruflichen Kontext immer wichtiger werdenden Schlüsselqualifikationen. Zu ihren Einflussfaktoren gehören u.a. die menschlichen Fähigkeiten …

- der Kreativität, Flexibilität, Eigeninitiative, Geduld und Ausdauer, mit der Problemstellungen angegangen und gelöst werden.
- der Selbstentwicklungsbereitschaft, als der Bereitschaft zur laufenden Selbstreflexion der eigenen Fähigkeiten und Verhaltensweisen,
- sowie der Lernbereitschaft, als der Bereitschaft zum Umlernen von eingefahrenen Denk- und Handlungsstrukturen: Alte Verhaltensmuster müssen verlernt, neue erlernt werden.

Um sie verändern zu können, ist es zunächst wichtig, sich diese eigenen Verhaltensmuster bewusst zu machen und sie aufzudecken. „Darüber, was mir bewusst ist, kann ich auch verfügen, während ich von dem, was mir nicht bewusst ist, getrieben oder beherrscht werde." (Buchacher, Wimmer 2008, 38).

Für jedes Verhalten gibt es einen Grund und einen Sinn, warum es sich so entwickelt hat; es war in einem bestimmten Kontext nützlich. Das heißt aber nicht, dass dieses Verhalten immer passend ist; schwierig wird es, wenn wir diese Denkverfahren und Muster wahllos und festgefahren in allen Situationen verwenden, ob sie passen oder nicht – „(…) in einigen Situationen gut, als Gewohnheit unbrauchbar (…)" (Truckenbrodt, Fiegler 2004).

Auch im Ansatz des Neurolinguistischen Programmierens, das die Auswirkungen des Wechselspiels von Geist und Sprache auf Körper und Verhalten beschreibt (Simon 2009), wird davon ausgegangen, dass für zwischenmenschliches Verhalten innere Reaktionen und Denkprozesse entscheidend sind, die von Gehirnzellen gesteuert werden und sich in inneren, sprachlichen Mustern niederschlagen, d.h., dass unser Denken, Verhalten und Lernen von in der Regel unbewussten neurolinguistischen Programmen gesteuert wird.

Gelingt es nun, z.B. durch Erfahrungen und ein Feedback in einem Training, zu erkennen, welche "vorprogrammierten" inneren Muster und Prozesse mit manchmal nahezu zwanghaften Reaktionen gerade unbewusst in einem ablaufen, kann man sie vermeiden und wenn erforderlich auch durchbrechen. Dann wird es möglich, sie zu beeinflussen, zu gestalten und zu verändern.

So kann dann z.B. ein gezieltes Training dazu beitragen, neue Verhaltensweisen kennenzulernen und seine Handlungsfähigkeit zu erweitern. Es kann die Gelegenheit geben zu erfahren und zu erleben, dass man in bestimmten Situationen auch anders handeln und reagieren und passendere Wege gehen kann, um seine Absicht zu erreichen. So wird es möglich, das eigene Potenzial zu entdecken und auch bisher unerkannte und ungenutzte Fähigkeiten bewusst zu machen, Ressourcen zu erkennen und zu mobilisieren.

Ich kann Verhaltensweisen ändern, z.B. unterstützt durch ein Training, wenn sie mir bewusst sind.

Diese Fähigkeiten von mir kann ich für den Lehrerberuf gut nutzen ...:

_____

_____

_____

_____

_____

_____

_____

_____

In diesen Bereichen sehe ich noch Veränderungs- und
Weiterentwicklungsbedarf...:

_____

_____

_____

_____

_____

_____

_____

_____

III.6. Ich kommuniziere klar

Kommunikation ist der Austausch von Informationen (Simon 2009). Zum Zustandekommen von Kommunikation sind zwei Partner notwendig: der Sender, von dem die Information ausgeht, und der Empfänger, der die Information erhält. Es handelt sich also um einen Austauschprozess, geprägt durch ein Mit-Teilen (Geben) und ein Teil-Nehmen (Nehmen). Der Sender codiert und verschlüsselt die Information; der Empfänger decodiert und entschlüsselt diese Signale.

Eine wesentliche Voraussetzung für das Gelingen dieser gegenseitigen Verständigung ist, dass Zeichen und Symbole vorhanden sein müssen, die für beide Seiten die gleiche Bedeutung haben, z.B. die gleiche Sprache oder ein gemeinsames Verständnis von bestimmten Gesten. Kommunikation ist damit nicht nur der Austausch gesprochener Worte oder schriftlicher Information, sondern findet durch Körpersprache auch auf der nonverbalen Ebene statt.

Mit Worten werden nur 7% aller Informationen eines Gesprächs transportiert, unsere Wirkung in der Kommunikation mit anderen Menschen wird zu 93% durch unsere Körpersprache und Stimme geprägt: Aus der Körpersprache beziehen wir 55% aller Informationen, aus dem Klang der Stimme 38% (Simon 2009) - wir sind sozusagen an den Zwischentönen hörbar und an der Körpersprache sichtbar. Über den verbalen Kanal kommen nur die „harten Fakten", auf dem nonverbalen Kanal werden die „weichen Fakten" transportiert wie Haltungen, Stimmungen, Zwischentöne und Gefühle.

Für eine gelungene Kommunikation ist es daher wichtig, auch die nonverbale Kommunikationsebene richtig zu deuten. Oft bleiben in Gesprächssituationen wichtige Informationen unausgesprochen und sind nur an den nonverbalen Signalen erkennbar. Bestehen Widersprüche zwischen dem Gesagten und dem nonverbalen Verhalten, führt dies zu Verwirrung und Missverständnissen.

Die Kommunikationskompetenz stellt daher eine zentrale Fähigkeit dar, Simon (Simon 2009) sieht sie als wichtigsten Teil der Sozialkompetenz. Eine gute Kommunikation…:

- bewirkt ein positives Sozialklima,
- ermöglicht Problem- und Konfliktlösungen,
- minimiert bzw. verhindert gegenseitige Missverständnisse,
- drückt Wertschätzung und Einfühlungsvermögen aus und
- verbessert den Umgang miteinander.

Mitarbeiterführung ist informations- und kommunikationsabhängig. Kommunikation trägt daher zur Leistungssteigerung bei, unterstützt die Zusammenarbeit, stärkt das Zusammengehörigkeitsgefühl und fördert die Identifikation. Wichtig ist dabei, dass die Bereitschaft zur Information und Kommunikation vorhanden sein muss: Nicht die Technik, sondern der Mensch ist Ausgangs-, Mittel- und Eckpunkt der Kommunikation.

Will man eine möglichst gelungene Kommunikation und eine bessere Verständigung erreichen, ist es wichtig, zum einen das eigene persönliche Kommunikationsverhalten zu verbessern und sich zudem auf die individuellen verbalen und nonverbalen Verhaltensweisen der Anderen besser einzustellen.

Der Kommunikations- und Sozialpsychologe *Paul Watzlawick* hat, geprägt durch die konstruktivistische Sozialpsychologie, ein Modell mit Regeln (Simon 2009) als Richtschnur für eine gelungene Kommunikation entwickelt.

Watzlawick interessiert sich v.a. für die zwischenmenschliche Sender-Empfänger-Beziehung. Menschliche Beziehungen bzw. Kommunikationsabläufe sieht er als offenes System; die Menschen in einem Kommunikationsprozess sind durch ein Netz aus wechselseitigen Mitteilungen miteinander verbunden. Zwischen den einzelnen Systemelementen bestehen Wechselwirkungen und Rückkopplungen, so dass jeder Mensch innerhalb dieses Systems auf die anderen Menschen einwirkt und gleichzeitig auch der Empfänger der Einwirkungen anderer ist.

In der Regel *Es ist unmöglich, nicht zu kommunizieren* beschreibt Watzlawick jegliches Verhalten bzw. Handeln als Kommunizieren. Immer wenn Menschen in einer Situation sind und sich irgendwie aufeinander beziehen, können sie es nicht vermeiden zu kommunizieren. Auch wenn Menschen nicht miteinander sprechen oder sich voneinander abwenden, beinhaltet dieses Verhalten eine Information; auch ein Nichthandeln hat Mitteilungscharakter und einen Bedeutungsinhalt. Als Mensch ordnet man jedes Verhalten der Gesprächspartner ein oder interpretiert es.

Jede Kommunikation hat einen Inhalts- und einen Beziehungsaspekt. Jede Mitteilung, die ein Sender an einen Empfänger richtet, hat zwei Ebenen: die Inhaltsebene, die die Informationen zur Sache liefert, und die Beziehungsebene, die weitere, über den Inhalt hinausgehende Informationen liefert, nämlich solche über das persönliche Verhältnis und die Beziehung zum Kommunikationspartner.

Diese Beziehung offenbart sich im Ton, in der Stärke der Stimme, der Mimik und der Körperhaltung. Solange die Beziehungsebene positiv oder neutral ist, können auf der Inhaltsebene Mitteilungen ungehindert zum anderen durchdringen; fühlt sich aber mindestens einer der Gesprächspartner unwohl, z.B. aufgrund von Angst, Nervosität etc., wird die Beziehungsebene wichtiger als die Inhaltsebene. So kann z.B. ein und dieselbe Frage je nach dem Verhältnis und der Beziehung der Gesprächspartner zueinander auf ganz unterschiedliche Weise gemeint und auch verstanden werden. Das bedeutet, dass der Beziehungsaspekt dem Inhaltsaspekt übergeordnet ist, er bestimmt das Verständnis!

Um wirkungsvoll zu kommunizieren, müssten daher beide Kommunikationsebenen miteinander übereinstimmen. Kommunikation gelingt, wenn die Information und das Verhältnis der Gesprächspartner zueinander kongruent sind!

Kommunikation kann digital oder analog erfolgen: In dieser Regel erläutert Watzlawick, wie zwischenmenschliche Kommunikation zum einen in digitaler, genau zu bezeichnender Form (der Inhalt der Mitteilung wird z.B. in Wörter verschlüsselt) erfolgt oder in analoger, ähnlicher Form (Informationen werden z.B. bei der nonverbalen Kommunikation in Mimik, Gebärden und Blicke verschlüsselt, bei der paraverbalen Kommunikation in Form von Tonfall und Sprachstil).

Inhaltsaspekte drücken sich meist über die digitale Kommunikation aus, Beziehungsaspekte meist über die analoge Kommunikation. Beide können sich gegenseitig ergänzen und unterstützen: So wie die analoge Kommunikation hilft, die digitale Kommunikation im Beziehungsbereich einzuordnen, kann auch die Sprache, das Gesagte bei Unsicherheiten auf der Beziehungsebene ergänzend helfen, indem nachgefragt wird und Rückmeldungen möglichst eindeutig verbalisiert werden. So kann es hilfreich sein, rezuformulieren, d.h. das Aufgenommene mit eigenen Worten zu wiederholen, und Ich –Botschaften zu verwenden. Sie- bzw. Du-Botschaften werden vom Gesprächspartner oft als Vorwurf oder Tadel empfunden oder als Unterstellung irgendwelcher Absichten. In einer Ich-Botschaft wird mitgeteilt, wie man selbst die Situation erlebt und welche Gefühle durch das Verhalten des anderen ausgelöst werden, also die Wirkung. Der Gesprächspartner erhält so auch Gelegenheit, den abgegeben Eindruck richtig zu stellen.

Der Professor mit dem Schwerpunkt der Psychologie der zwischenmenschlichen Beziehungen *Friedemann Schulz v. Thun* hat ausgehend von seiner Auseinandersetzung mit individualpsychologischen, humanistischen und systemischen Schulrichtungen sowie praktischen Kurserfahrungen mit Lehrern und Führungskräften sein *Vier-Seiten-Modell* der Kommunikation entwickelt, mit dem Ziel, Kommunikationsprozesse zu erklären und zu verbessern (Simon 2009). Besonders Personen, die auf andere durch Kommunikation aktiv einwirken, z.B. Führungskräfte, können von diesem Modell profitieren, das bedeutsame Vorgänge eines Gesprächs aufzeigt und Abläufe veranschaulicht.

Schulz v. Thun ist der Annahme, dass jede Nachricht aus vier Seiten, aus vier Arten von Botschaften besteht, die vom Sender, bewusst oder unbewusst, ausgesendet werden: der Sach-, der Selbstoffenbarungs- (Kundgabe), der Beziehungsbotschaft und dem Appell.

Neben dem Sachinhalt der Nachricht, der Informationen über eine Sache erhält, einen Sachverhalt dargestellt und Fakten benennt, stecken in der Selbstoffenbarung bzw. der Kundgabe einer jeden Nachricht auch Hinweise zur Person des Senders, über das, was in ihm vorgeht. Die Botschaft des Appells beschreibt, dass der Sender beim Empfänger eine gewünschte Wirkung erzielen möchte, er versucht, ihn zu beeinflussen, bestimmte Dinge zu tun oder zu unterlassen; diese Einflussnahme kann offen erfolgen, in Form von Anleitungen, Befehlen, Ge- oder Verboten, oder versteckt durch Manipulation.

Am *Beziehungsinhalt* einer Nachricht wird deutlich, wie der Sender sein Verhältnis zum Empfänger einschätzt. Beziehungsbotschaften werden auf der Gefühlsebene wahrgenommen, der Beziehungsaspekt spiegelt sich z.B. in der Art der Formulierung oder im Tonfall wider. Sie berühren das Selbstwertgefühl; es wird erkennbar, ob der Gesprächspartner den Empfänger als gleichberechtigt betrachtet oder ihn als ihm unter- oder übergeordnet einstuft. Ein Vorgesetzter muss seine Aussagen auf der Beziehungsebene daher so formulieren, dass sie das gewünschte Ergebnis bringt, ohne bevormundend oder geringschätzend zu klingen.

In der Kommunikation mit meinen Schülern will ich achten auf ...:

_____
_____
_____
_____
_____
_____
_____
_____
_____
_____
_____
_____
_____
_____

III.7. Ich beobachte und nutze Körpersprache

Die Sprache des Körpers sagt oft mehr als die verbale: Aus der Körpersprache beziehen wir 55% aller Informationen eines Gesprächs (Simon 2009).

Daher macht es auch bei uns Menschen Wissen über Körpersprache möglich, bei anderen Verhaltensweisen besser zu deuten und selbst körpersprachliche Bewegungsabläufe gezielter einzusetzen. Gerade für Menschen in Führungspositionen kann ein bewusstes Wahrnehmen und Einsetzen von

Körpersprache unschätzbare Dienste leisten. Gelingt uns eine Sensibilisierung für das Kapital der Sprache unseres Körpers, kann dies nicht nur als Weg zum Verständnis von Menschen und Situationen genutzt werden, sondern auch als Hilfe für den eigenen Auftritt (Spies 2006).

Die Sensibilisierung unserer Wahrnehmung auf körpersprachliche Signale macht uns selbst zu besseren Beobachtern. In Bezug auf andere Menschen können deren nonverbale Signale besser erkannt und interpretiert und gezielter darauf reagiert werden. Wird das Bewusstsein für das Auftreten anderer geschärft und die sichtbare Körpersprache eines Menschen als Ausdruck seiner inneren Haltung begriffen, dann entsteht ein größeres Verständnis in Bezug auf den Anderen.

Auch andere Menschen lesen, bewusst oder unbewusst, in unserer Körpersprache. So kann auch die eigene Wirkung auf andere Menschen optimiert werden, indem die eigene Körpersprache genutzt, eingesetzt und gestaltet wird.

Körpersprachliche Signale verschaffen einen Einblick in unsere inneren Befindlichkeiten, unser Körper übersetzt psychologische Prozesse. Unsere Körpersprache drückt aus, was wir meinen und verrät alles über unser Denken, Fühlen und Sein; sie ist Ausdruck des Gefühls und der Gedanken, ist sichtbar gemachte Gefühls- und Gedankensprache (Welz 2002). Ihre Wirkungsweise erklärt sich aus der Einheit von Körper und Geist, die in permanenter Wechselwirkung miteinander stehen: Ein emotionaler Impuls ruft automatisch eine körperliche Reaktion hervor. Unsere Muskeln werden durch die Versorgung mit elektrischen Impulsen durch die Nervenzellen kontrahiert (sowie die Gegenmuskeln gestreckt), so dass sich das Zusammenspiel der mehr als 630 Muskeln des menschlichen Körpers zu einem komplexen Bewegungsbild zusammenfügt (Simon 2009).

Dieses ist willentlich nicht komplett beeinflussbar: Nur der kleinere Teil unserer Körpersprache verläuft dabei bewusst, als willentlicher Versuch, mit Hilfe der Gestik und Mimik etwas auszudrücken. Der Übergang zu dem Bereich unserer Körpersprache, der unbewusst geschieht, ist fließend, dieser stellt den weitaus größeren Teil dar. Wir sind nicht in der Lage, unsere Motorik in allen Bereichen und jegliche Muskelbewegungen bis ins feinste Detail zu steuern, jeder kann sich nur auf einen Ausschnitt seines Körpers konzentrieren, während andere Teile unbewusst reagieren (Simon 2009).

Daher verhalten wir uns wie Sender, die unwillkürlich und pausenlos kommunizieren. Jede Bewegung enthält in der Art und Weise, wie sie ausgeführt wird, eine unterschwellige Botschaft für unsere Mitmenschen. Auch wir selbst beurteilen Signale der Körpersprache Anderer in unserem limbischen System, bereits ehe sie uns bewusst werden (Hendrich 2008).

Körpersprachliche Signale vermitteln einen Einblick in die Befindlichkeit des Gegenübers. Verwenden wir sie selbst, können sie als sichtbare Aktion helfen, unsere innere Überzeugung auszudrücken und zu beeinflussen, so dass sich außen und innen gegenseitig durchdringen und stärken können.

Einzelne Elemente der Körpersprache sind dabei nicht isoliert zu betrachten, ihre Bedeutung ist immer abhängig vom gesamten Körperausdruck. Erst als komplettes Set lassen die körpersprachlichen Signale das erkennen, was hinter den Worten steckt. Bei ihrer Interpretation gibt es keine festen Regeln, sondern nur Hinweise auf mögliche Befindlichkeiten und Verhaltenstendenzen (Spies 2006 und Simon 2009). Viele Ausdrucksbewegungen haben auch in unsere verbale Sprache Eingang gefunden, wie z.b. den Kopf hängen lassen, den Kopf einziehen, halsstarrig oder hartnäckig sein.

Im Bereich der *Mimik* lassen Bewegungen der Gesichtsmuskulatur Rückschlüsse auf Gefühle und Gedanken zu. Beim *Blick* wirken das Halten des Blickkontakts und ein gerader, offener Blick selbstbewusst und vermitteln eine gerade Persönlichkeit. Ein fest fixierender Blick signalisiert Selbstsicherheit, Kraft, Willensstärke und Zielstrebigkeit.

Ein Ausweichen des Blicks und eine Unterbrechung des Blickkontakts verweisen eher auf eine Unterordnung und Unterwerfung.

Unter *Gestik* versteht man Ausdrucksbewegungen von Kopf, Armen und Händen.

Wird der *Kopf* bei einer Annäherung durch jemand anderen zurückgezogen, gesenkt und seitlich weggenommen, geschieht dies zum Schutz und stellt ein Ausweichen dar. Ein schief gehaltener Kopf sowie das Senken des Kopfes kann auch Unterwerfung ausdrücken, das Sich-klein-Machen, Sich-Beugen signalisiert als Demutsgeste den Verzicht auf Eigenwillen. Ein schaukelnder, geneigter Kopf kann Zweifel und fehlende Sicherheit ausdrücken.

Ein Aufrichten des Kopfes drückt eine Steigerung des Selbstwertgefühls und der Tatbereitschaft aus: Wer sich so darstellt, fühlt sich sicher und fürchtet nicht, dass ihm an den Hals gegangen wird.

Viele Berührungen mit den *Händen* am eigenen Körper, ein häufiges Rumnesteln an sich selbst z.B. im Gesicht und am Mund vermitteln Unsicherheit.

Wer sich selbst nicht berührt, dafür aber den Anderen, z.B. durch Schulterklopfen oder sogar am Kopf, wirkt dominant.

Handbewegungen verstärken Kommunikationsaussagen. Werden die Handinnenfläche nach vorn geschoben dienen sie als Instrument des Wegschiebens und verdeutlichen Zurückweisung. Ein Spreizen der Finger schafft eine größere Fläche und steigert die Wirkung.

Eingedrehte Füße und ein enger Stand wirken eher unterordnend, ausgedrehte Füße beanspruchen mehr Raum für sich. Passende Schuhe ermöglichen einen sicheren Stand und einen guten Bodenkontakt.

Hochgezogene Schultern signalisieren das Bedürfnis nach Deckung.

Bewegungen des Oberkörpers signalisieren eine Distanzverringerung oder – erweiterung; ein Zuneigen des Oberkörpers verdeutlicht Zuwendung und ein Sich-Näherkommen.

Eine Auf-Richtung des Oberkörpers macht die Mitte des Menschen erkennbar und zeigt diese klar, wie ein Medaillon, das man herzeigen will.

Ist man verspannt, fließt unnötig permanent Energie ab; man fühlt sich ständig schwächer, als man ist und die Bewegungsfreiheit ist stark eingeschränkt. Bei der Atmung stellt eine ruhige Bauchatmung die bevorzugte entspannte Form dar (Spies 2006).

Am Spannungs- und Entspannungsgrad des Körpers ist auch die Hierarchie erkennbar: je höher, desto entspannter, gelassener, gelöster und lockerer. Eine starke Präsenz basiert auf einer großen inneren Ruhe, Entspanntheit und Wohlfühlen im eigenen Körper.

In meinem körperlichen Ausdruck will ich achten auf …:

_____

_____

_____

_____

_____

_____

_____

Die innere Haltung zu einer Situation spiegelt sich auch bei uns Menschen im *Verhältnis zum Raum* wieder (Spies 2006). Dieses führt zu charakteristischen Bewegungsabläufen des Körpers, die von anderen wahrgenommen und intuitiv interpretiert werden. Über eine bewusste Inanspruchnahme des Verhältnisses zum Raum kann somit der abgegebene Ausdruck gestaltet werden.

Menschen umgibt eine Intimzone von ca. 70 cm. Kommt jemand deutlich näher, dringt er in diesen Raum ein, was je nach Situation Vertrautheit oder Dominanz signalisiert; der Dominante nimmt sich dabei eine Nähe, die ihm nicht gewährt wurde.

Das Verhältnis zum Raum entspricht der Situation und der Rolle. Befindet man sich z.B. in der Rolle eines Gastgebers, dem der zur Verfügung stehende Raum gehört, zeigt man ein vertrautes Verhältnis zum Raum und nimmt ihn selbstverständlich für sich in Anspruch. Man wird den Raum füllen und dominieren und aus dem Hochstatus heraus agieren und sich bestimmend, fordernd, dynamisch bewegen, zügig, mit großen Schritten, und auch nah an andere herantreten. Ein Gastgeber hingegen, der sich wie ein Gast benimmt, wirkt unsicher und angreifbar und nimmt sich nicht den Raum, der ihm zusteht.

Will man *klar und bestimmt* sein, sollte man sich genau den Raum nehmen, den man sich vorgenommen hat und sich nicht in die Defensive zurückdrängen lassen: In sich ruhend bezieht man seine Position im Raum und weicht nicht aus; die Haltung ist aufrecht, Schultern und Nacken sind entspannt, man bewegt sich schwungvoll mit mittlerer Schrittlänge.

Begeistert und animierend bewegt man sich mit Schwung, lebhaft und dynamisch, das Ziel innerlich vor Augen; Schultern und Nacken sind entspannt und man geht zügig mit großen Schritten durch den Raum.

Energisch und fordernd gilt es, die eigene Position mit ganzer innerer Kraft und Entschlossenheit durchsetzen zu wollen. Mit offensivem Blick lebt und zeigt man volle Energie, nimmt sich viel Raum, bewegt sich mit großen Schritten, mit Schwung, entschlossen, dynamisch, zügig, klar und kraftvoll; Schultern und Nacken sind etwas angespannt.

Gegenüber meiner Klasse, der Gruppe meiner Schüler sehe ich mich als Gastgeber, der in seinen Raum einlädt und dem es in erster Linie zusteht, diesen für sich in Anspruch zu nehmen, ihn auszufüllen und zu gestalten.

Ich halte meine Position durch das Einnehmen einer zentralen Stelle im Raum, wo ich nicht übersehen werden kann und mich dadurch zur Geltung bringe, außerdem durch ...:

_____

_____

_____

_____

_____

_____

_____

Ich signalisiere und steigere meine Präsenz durch das Aufnahmen und Halten von Blickkontakt und durch ein Einnehmen und Gestalten des Raumes, indem ich auch die Reihen und Tische durchschreite und auch zu einzelnen Schülern hingehe, außerdem durch ...:

_____

_____

_____

_____

_____

_____

_____

_____

Die Wahl und der Einsatz der jeweiligen körpersprachlichen Ausrichtung ist ebenso wie die innere Einstellung und Haltung abhängig von der jeweiligen Situation und u.a. mit bestimmt durch den sozialen *Status* (Spies 2006) und die aktuelle Position. Das gezeigte Statusverhalten muss dabei nicht immer der gegebenen Rangfolge und Hierarchie entsprechen; besonders aufschlussreich sind Konstellationen, in denen das gezeigte Statusverhalten und der eigentliche Rang voneinander abweichen, dies fördert verdeckte Machtverhältnisse und verborgeno Absichten zutage. Die Körpersprache kann also Hinweise darüber liefern, wer aus welchem Status heraus agiert, und als Instrument dienen, Verhältnisse zwischen Menschen zu erkennen.

Auch eine Führungsposition verlangt weder die Einnahme eines nur hohen noch eines nur niedrigen Statuses. Die Kunst ist daher, flexibel beide Seiten und Facetten einnehmen zu können, je nach Erfordernis der Situation: So wird eine Führungskraft in ihrer Funktion als Vorstand überwiegend aus dem Hochstatus heraus agieren; um aber etwa einen Mitarbeiter zu trösten, wird sie davon abweichen und eher aus dem Tiefstatus heraus agieren.

Ich drücke körpersprachlich meine Position, Rolle und Funktion als Klassenleitung bzw. Leitung der jeweiligen Unterrichtsstunde aus, beachte dabei aber die jeweilige Situation und Konstellation, z.B. ...:

_____

_____

_____

_____

_____

_____

_____

_____

Unsere Körpersprache ist das Ergebnis einer lebenslangen Entwicklung; lässt man sie unverändert, ist sie authentisch. In bestimmten Situationen und Herausforderungen kann es jedoch sein, dass man entweder intuitiv selbst oder aufgrund von Rückmeldung oder Kritik aus dem Umfeld feststellt, dass *Veränderungsbedarf* besteht, weil das eigene körpersprachliche Auftreten, die eigene Wirkung auf andere den aktuellen Anforderungen nicht gerecht wird.

Versucht man, Bewegungsabläufe bewusst zu steuern und zu gestalten und Körpersprache willentlich zu verändern, stellt sich jedoch die Frage nach der Authentizität, da dies ein beabsichtigtes Eingreifen in bislang unbewusst ablaufende Prozesse bedeutet. Man darf daher nicht versuchen, auf eine bestimmte Art wirken zu wollen, irgendwelche Muster und Schemen zu übernehmen und den Körper allein von außen nach innen zu manipulieren.

Eine Möglichkeit, die eigene Körpersprache zu verändern und dabei trotzdem authentisch zu bleiben, ist vielmehr der Weg, von innen nach außen vorzugehen (Spies 2006): die willentliche Veränderung der Einstellung und inneren Haltung, der Emotionen und Gedanken. Unsere Gedanken lenken wie selbsterfüllende Prophezeiungen unsere Körpersprache, sie ist der Ausdruck unserer inneren Haltung. So kann man über die Einstellung die Aus-Strahlung und den Körperausdruck verändern, durch sie wandelt sich die Körpersprache individuell passend und authentisch. Die Körpersprache folgt dann der inneren Haltung.

So entdeckt man ganz natürlich und selbstverständlich, dass man auch anders agieren kann. So kann es gelingen, alle Facetten des eigenen Ausdruckspotentials zu nutzen und eine vorhandene Variante stärker als bisher auszuspielen und hervorzuheben (wie die vorhandene rote und gelbe Seite eines Apfels, den man dreht.). Wir können vieles, nutzen jedoch meist nur das Gewohnte. Können tut man es, es fühlt sich nur anders an; daher muss man es auch zulassen, dass es sich verändern darf (Spies 2006).

Die Herausforderung ist also, ausgehend von der jeweils zugrundeliegenden Situation und der sich daraus ergebenden Aufgabe, eine klare eigene innere Haltung zu entwickeln. Was unser Körper jeweils „spricht", entsteht aus unserer aktuellen inneren Haltung einem Menschen oder einer Situation gegenüber. Nur eine klare Einstellung schafft eine klare Körpersprache, nur einer klaren Haltung folgt ein entschlossener Körper. Gelingt es, die gedankliche und emotionale Einstellung zur Anforderung zu klären, dann optimiert sich auch die Sprache unseres Körpers, dann trägt er authentisch nach außen, wie wir fühlen und denken.

Dazu muss auch die Bereitschaft vorhanden sein, die inhaltliche Position und Ausrichtung in einer sichtbaren Aktion zu äußern und im körpersprachlichen Auftritt nach außen zu zeigen; die innere Haltung alleine nützt nichts, wenn sie keiner wahrnimmt! Eine Hilfe kann es hier sein, sich durch Verben, also Tun-Wörter bewusst zu machen und zu beschreiben, was man will und sich selbst klare Aufgaben zu stellen. Erfolgt die Lenkung der Aufmerksamkeit und der Konzentration auf die Aufgabe und das Ziel, folgt auch der Körper authentisch. Ausschlaggebend ist es, zu handeln, einen aktiven Part zu übernehmen und klar aufzutreten und zu agieren.

So finde ich meine innere Haltung:

s. Exkurs: Zum Finden der eigenen Position

III.8. Ich nehme die Mitglieder meiner Gruppe wahr und pflege die Beziehung zu ihnen

Mitarbeiterpflege heißt, Beziehung herzustellen (Kolzarek, Lindau-Bank 2011). Für eine erfolgreiche Führung sind Menschlichkeit, die Beachtung menschlicher Prozesse unerlässlich. „Menschen wollen als individuelle Personen wahrgenommen werden. Erfolgreiche Führung berücksichtigt das." (Buchacher, Wimmer 2008, 12).

Eine tragfähige Beziehung ist auch die Basis und Voraussetzung für Motivation. „Motivation ist immer die konkrete, ernsthafte und wertschätzende Auseinandersetzung mit dem einzelnen Mitarbeiter", „(…) seinen Werten, Zielen und Kompetenzen." (Buchacher, Wimmer 2008, 125, 16).

Führung ist somit auch Beziehungsgestaltung: den persönlichen Kontakt zu pflegen, Anerkennung, Lob und Wertschätzung zu geben. „Hier, auf der Beziehungsebene, spielt sich auch der Großteil der Führungsaufgaben ab." (Buchacher, Wimmer 2008, 14). Mitarbeiter lassen sich nur führen, wenn man sie kennt; dann wird auch eine bessere Einschätzung ihrer Reaktionen auf Anordnungen und Maßnahmen möglich, dann kann das eigene Verhalten besser darauf abgestimmt werden.

Um die Mitarbeiter kennen zu lernen, sollte man ihnen Aufmerksamkeit schenken und sich mit ihnen beschäftigen, sich ihnen zuwenden und sie beachten, dazu ist eine wachsame und achtsame Wahrnehmung notwendig. Auch der lateinische Ursprung einiger in diesem Zusammenhang wichtiger Begriffe weist auf diese Bedeutung hin, so bedeutet z.B. re-spectare überblicken, berücksichtigen und per-sonare durchklingen (Hendrich 2008).

Die Führungskraft muss daher auf die Signale des Mitarbeiters achten, sie muss in seine Welt eintauchen, ihn beobachten, ihm zuhören, verstehen, was ihn bewegt, ein Gespür für seine Talente und Stärken entwickeln, ihn wertschätzen und ihn in seiner Einzigartigkeit gelten lassen; so kann Vertrautheit entstehen. Bei erfahrener Anerkennung und Wertschätzung steigt die Wahrscheinlichkeit, dass die Mitarbeiter ihr volles Leistungspotenzial einbringen. Fühlen sich die Mitarbeiter jedoch nicht wahrgenommen und einbezogen, werden sie die Gefolgschaft aufkündigen und der Führungskraft nicht auf emotionaler Ebene folgen (Osterhammel 2006).

Beim demokratischen, kooperativen, partnerschaftlichen *Führungsstil* nach Kurt Lewin (Buchacher, Wimmer 2008) pflegt die Führungskraft die Beziehung zu ihren Mitarbeitern, indem sie sich an Gruppenaktivitäten beteiligt, die Mitarbeiter durch Lob und Kritik fördert und insgesamt für ein gutes Arbeitsklima sorgt. Als Folge dieses Führungsstils entstehen bei den Mitarbeitern eine hohe Identifikation mit den Aufgaben und eine hohe Motivation, so dass ein gutes Arbeitsklima vorliegt. Sie arbeiten selbständig und geben auch untereinander Rückmeldungen.

Die Beziehung zu den Mitarbeitern ist auch in der *Kommunikation* mit ihnen von wesentlicher Bedeutung.

Ist die Beziehung tragfähig und gut, wird in der Kommunikation auch mit dem Inhalt wohlwollend umgegangen. Ist die Beziehung belastet und gestört, wird der Inhalt abgelehnt; der Beziehungsaspekt bestimmt, definiert und überlagert den Inhaltsteil. „Bei neutraler oder kühler Beziehungsebene können Informationen bestenfalls zu Wissen werden. Bei einer guten Beziehungsebene werden Informationen zu Botschaften, die zu Überzeugungen führen." (Buchacher, Wimmer 2008, 126).

In Gesprächen entscheidet bereits die Eröffnungsphase (Simon 2009) über den weiteren Verlauf: Hier ist es wichtig, zunächst eine positive Beziehung aufzubauen und einen persönlichen Kontakt herzustellen und dann erst den Gesprächsgrund und das -ziel zu nennen. Ein gesprächsförderndes Klima entsteht durch Wertschätzung, Achtung und Akzeptanz, durch Glaubwürdigkeit, Offenheit und Echtheit. Echtheit erreicht man durch nicht aufgesetztes, sondern aufrichtiges und transparentes Verhalten; dazu gehört, dass die ausgesendeten verbalen und nonverbalen Botschaften übereinstimmen!

Im Gespräch mit dem Mitarbeiter ist es wichtig, dessen Standpunkt, Motive und Bedürfnisse zu versuchen nachzuvollziehen. Menschen haben verschiedene Wahrnehmungen, sie sehen die Dinge aus unterschiedlichen Perspektiven und anderen Blickwinkeln. Im gegenseitigen Austauschprozess nehmen die Dialogpartner alles, was an Informationen, Signalen und Reizen eindringt, durch ihren individuellen Filter wahr, jeder reagiert auf seine persönliche Art und Weise. So sind auch die Sprache und die Körpersprache der individuelle Ausdruck der je subjektiven Wahrnehmung (Simon 2007).

Man muss sich daher als Führungskraft bewusst machen, dass die Meinungen und Verhaltensweisen des Mitarbeiters von den eigenen abweichen können und kann daher nicht erwarten, dass die Mitarbeiter genauso reagieren wie man selbst;

vielmehr gilt es, gut hinzuschauen, die Mitarbeiter kennenzulernen und ihnen ihre eigene Weltsicht zuzugestehen (Osterhammel 2006).

Im von Bandler und Grindler entwickelten Ansatz des Neurolinguistischen Programmierens (NLP) (Simon 2009), dessen Ziel eine Verhaltensjustierung, eine Anpassung des eigenen Gesprächsverhaltens an das des Gesprächspartners ist, um eine bessere Kommunikation mit ihm zu erreichen, spricht man hier von der persönlichen Weltkarte: Jeder Mensch hat im Laufe seines Lebens Erfahrungen gemacht und dadurch seinen eigenen Stil entwickelt und seine geistige Landkarte gezeichnet, an der er sich orientiert; dieses Weltbild spiegelt sich auch in der Ausdrucksweise wieder. Um die Art des Anderen, die Welt wahrzunehmen möglichst zu verstehen, ist es wichtig, sich dessen Weltbild zu erschließen. Auch die eigene Weltkarte, die eigene Sichtweise der Dinge, die eigene Sprache muss sich bewusst gemacht und im Gespräch berücksichtigt werden.

Beobachtung und Wahrnehmung sind nach dem NLP daher die Basiselemente jeder Kommunikation. Durch eine verfeinerte Wahrnehmung soll es gelingen, Kommunikationsprozesse besser zu verstehen und effizienter zu kommunizieren. Im Gespräch treffen unterschiedliche Wahrnehmungskanäle aufeinander, z.B. eher visuell, auditiv oder kinästhetisch orientiert; durch die verschieden bevorzugten Arten der Wahrnehmung, z.B. durch das Sehen, Hören und Berühren hat sich jeweils das Verhalten entwickelt. Wird der bevorzugte Wahrnehmungskanal des Gesprächspartners erkannt, kann auf diesen eingegangen werden, auch die eigene Botschaft kann nun ebenfalls durch diesen spezifischen Kanal übermittelt werden.

Kontaktaufnahme und –pflege sieht das NLP als wichtige Voraussetzungen für eine gelingende Kommunikation und den Umgang miteinander. Um einen Rapport herzustellen, wird sich auf die Körperhaltung, Mimik, Gestik, Atmung, Stimmlage und Wortwahl des Gesprächspartners eingestellt und diese kopiert (Pacing); das Anpassen an seine Art und seinen kommunikativen Rhythmus soll es ermöglichen, sich in sein psychisches System hineinzuversetzen. Dieses Einschwingen auf den Kommunikationspartner kann es anschließend erleichtern, ihn in eine gewünschte Richtung zu lenken (Leading). Das vorangegangene Angleichen des körpersprachlichen und verbalen Kommunikationsverhaltens, von Sprachmustern, Repräsentationssystemen und der bevorzugten Art der Wahrnehmung zielt auf das Wohlfühlen des Gesprächspartners, so dass er eher geneigt ist, auf Vorschläge einzugehen. Je größer die Ähnlichkeiten der Sprache, Denkweisen und Körpersprache der Gesprächspartner sind, desto einfacher und fruchtbarer wird der Kontakt.

Der Grad der *emotionalen Bindung* von Mitarbeitern an ihren Arbeitsplatz und an ihre Führungskräfte spielt vielen Studien zufolge für das Engagement bei der Arbeit eine große Rolle (Osterhammel 2006 und Laufer 2009). Mitarbeiter mit einer hohen emotionalen Bindung an ihre Führungskräfte sind zu Spitzenleistungen gewillt und geben für den Erfolg alles. So wirkt sich die Qualität der Beziehung zwischen den Mitarbeitern und der Führungskraft direkt auf das Unternehmensergebnis aus; wird die Beziehung von den Mitarbeitern als positiv erlebt, ist die Produktivität hoch, wird sie als negativ empfunden, sinkt sie. Die wahren unternehmerischen Erfolgsfaktoren liegen daher auf der immateriellen Ebene und haben sehr viel mit Mitarbeiterführung zu tun. Ein hohes Mitarbeiterengagement, entstanden durch eine starke Identifikation mit dem Unternehmen, Freude an der Arbeit und einem ausgeprägten Gemeinschaftsgefühl, führt zu einer hohen Produktivität.

Bei der empfundenen Qualität einer Mitarbeiter-Vorgesetzten-Beziehung spielt die gesamte Vielfalt menschlicher Gefühle, Einstellungen und Verhaltensweisen eine Rolle: persönliche Sympathie, individuelle Wertvorstellungen, Kommunikationsverhalten etc.

Mitarbeiter wollen, dass sich die Führungskraft um ihre Belange kümmert, sie haben Erwartungen auf der Gefühls- und Beziehungsebene: Sie erwarten, dass die Führungskraft ihre Leistungen wahrnimmt und erkennt, ihre Persönlichkeit achtet und wertschätzt, sie bei auftretenden Schwierigkeiten unterstützt und sich auch ihrer persönlichen Sorgen und Nöte annimmt.

Laufer nennt als Prinzipien und Maßnahmen, die die Führungskraft gegenüber den Mitarbeitern leben sollte …(Laufer 2009, 90f):

- den Mitarbeiter ehrlich, vollständig und rechtzeitig über alles zu informieren, was die Arbeitsaufträge und Belange betrifft
- gemachte Zusagen einzuhalten bzw. nachvollziehbar zu machen, warum Versprechen nicht aufrechterhalten werden können
- sich Zeit zu nehmen, zuzuhören bei Problemen der Mitarbeiter
- die Sorgen der Mitarbeiter wahrzunehmen, sich mit ihnen auseinanderzusetzen, versuchen zu helfen
- sich für den Mitarbeiter einzusetzen
- grundlegende Entscheidungen erst dann zu treffen, wenn auch die Meinungen der Mitarbeiter gehört sind
- Entscheidungen gegen die Meinungen und Interessen der Mitarbeiter nicht ohne triftigen Grund und nicht ohne Absprache zu treffen
- offen zu sein für Kritik an der eigenen Person
- Fragen, Vorschläge oder Bedenken der Mitarbeiter ernst zu nehmen
- solange Arbeitsziele oder wichtige Vorgaben nicht gefährdet werden, den Mitarbeitern weitgehend zu überlassen, auf welche Weise sie vorgehen
- nicht stärker zu kontrollieren, als es die Mitarbeiterfähigkeiten oder Fehlerrisiken erfordern
- Fehler möglichst unter vier Augen zu besprechen, ohne unnötige Schuldzuweisungen
- fair und höflich zu bleiben auch bei ärgerlichen Vorkommnissen
- zur Gesamtverantwortung zu stehen, sich nach außen schützend vor die Mitarbeiter zu stellen.

So lerne ich meine Schüler kennen …:

_____
_____
_____
_____
_____
_____
_____

So pflege ich die Beziehung zu meinen Schülern ...:

_____

_____

_____

_____

_____

_____

_____

_____

III.9. Ich sorge für die Erfüllung der Bedürfnisse meiner Gruppenmitglieder

Bedürfnisse sind Beweggründe für das Handeln, sie sind als Motive Auslöser für das Verhalten. Die Aussicht auf Bedürfnisbefriedigung schafft immer eine Motivation, sie ist der Motor für Tätigkeiten, für die Umsetzung des Bedürfnisses in Handlungen (Buchacher, Wimmer 2008, Laufer 2009).

Auch das Ausüben einer Berufstätigkeit beruht auf Bedürfnissen. Zwei Voraussetzungen müssen gegeben sein, um einen Mitarbeiter motivieren, d.h. ihn zur Erledigung einer Arbeitsaufgabe veranlassen zu können: Zum einen muss ein unbefriedigtes Bedürfnis des Mitarbeiters vorliegen, zum anderen eine sich bietende Chance, dieses Bedürfnis im Zusammenhang mit der Arbeitserledigung zu befriedigen. Die motivierende Führungsmaßnahme muss also auf ein tatsächlich vorhandenes, aber nicht völlig befriedigtes Mitarbeiterbedürfnis ausgerichtet sein. „Noch so gut gemeinte und in der Regel auch wirksame Motivierungsbemühungen gehen ins Leere, wenn sie nicht auf ein aktuelles und individuelles Bedürfnis des Mitarbeiters treffen." (Laufer 2009, 54).

Gelingt es, die aufgabenbezogenen Ziele des Mitarbeiters mit einem Erfolgserlebnis für seine eigenen Bedürfnisse und Ziele zu verbinden, schafft man Motivation als Zustand aktivierter bzw. gesteigerter Verhaltensbereitschaft. Leistung kommt zustande, wenn Fähigkeiten und Motivation verknüpft werden. Das, was den einzelnen motiviert, gibt ihm die Energie, seine Aufgaben bestmöglich zu erfüllen. Wird dies erkannt, kann es gelingen, die Energie optimal zu nutzen.

Es gehört somit zu den Aufgaben der Führungskraft, die individuelle Ausgangslage und Situation, die Motive und aktuellen Bedürfnisse der Mitarbeiter herauszufinden und zu kennen, um sie auch ansprechen, herausfordern und nutzen zu können. Kennt man den Mitarbeiter und weiss, was ihn bewegt, wird es auch möglich, ihn seine Talente einzubringen und sich entfalten zu lassen, so dass er Freude an der Arbeit erfahren kann. Dies erfordert auf Seiten der Führungskraft ein Interesse am Mitarbeiter, um dessen Fähigkeiten und Potenzial zu erkennen, als auch Sensibilität für seine Äußerungen, er sollte auf seine Wünsche auch direkt angesprochen werden. Davon ausgehend sind als Maßnahmen ontsprechende bedürfnis- und zielgerechte Befriedigungsanreize als auch Entfaltungsmöglichkeiten und situative Realisierungsmöglichkeiten zu schaffen.

Butler und Waldroop (Simon 2009) nennen als drei für die Arbeitszufriedenheit und Leistungsfähigkeiten wichtige Faktoren Fähigkeiten, Wertvorstellungen sowie Interessen. Interessen definieren sie als lange aufrecht erhaltene, emotional gesteuerte Vorlieben und Passionen für bestimmte Tätigkeiten. Solche berufsbezogenen Interessen üben ihrer Einschätzung nach den stärksten Einfluss auf die Arbeitsfreude aus. Es ist daher unablässig, für Menschen genau die Tätigkeiten zu finden, die ihren innersten Interessen entsprechen.

Osterhammel (Osterhammel 2006) bezieht sich auf eine Mitarbeiterbefragung, in der Faktoren ermittelt wurden, die das Engagement von Mitarbeitern steigern, hier wurden u.a. genannt: sich uneingeschränkt einbringen zu können, eine höhere Bewertung von Vertrauen als zu viel Kontrolle zu erfahren, Freiräume zu haben, um Dinge in Frage zu stellen, das systematische Aufarbeiten von Niederlagen und eine gut funktionierende Kommunikation; Wertschätzung durch den Vorgesetzten, das Interesse am Wohlergehen der Mitarbeiter, die Förderung der beruflichen Fähigkeiten, ein vorbildliches Agieren der Unternehmensführung im Sinne der Unternehmenswerte sowie eine ausreichende Entscheidungsfreiheit.

Auf der Suche nach einer Antwort auf die Frage, welche Bedürfnisse bei Menschen vorliegen und dabei welche Motivation auslösen, hat der amerikanische Psychologe Abraham *Maslow* sein Modell der *Bedürfnispyramide* entwickelt (Laufer 2009). Er hat die menschlichen Bedürfnisse fünf Kategorien zugeordnet und diese motivationsauslösenden Faktoren in Form einer Pyramide hierarchisch gegliedert. Er sieht die Bedürfnisse in einem bestimmten Abhängigkeitsverhältnis zueinander: Erst wenn ein zugrunde liegendes Bedürfnis gestillt ist, tritt das jeweils nächsthöhere Bedürfnis auf und wird stärker verhaltensbestimmend, und erst dann kann dessen Erfüllung auch befriedigend wirken. Daher werden Menschen, deren Bedürfnisse der unteren Bedürfnisebenen unbefriedigt bleiben, keine Energien darauf verwenden, Bedürfnisse der höheren Ebenen zu stillen.

Nach Maslow ist es daher wichtig herauszufinden, welche Bedürfniskategorie für einen Mitarbeiter aktuell individuell handlungsbestimmend ist, um die geeigneten Anreize für seine persönliche Arbeitsmotivation zu finden. So ist es Aufgabe der Führungskraft, die Lebenssituation und die aktuellen vorrangigen Bedürfnisse des Mitarbeiters zu kennen, um darauf abgestimmt passende Motivations- und Befriedigungsanreize zu finden. Sind diese mit den Arbeits- und Unternehmenszielen in Einklang zu bringen und mit vertretbarem Aufwand realisierbar, dann schafft die Maßnahme Mitarbeiterzufriedenheit und Unternehmenserfolg.

Die Bedürfnisse variieren je nach jeweiliger Lebenssituation und wirken sich auch unterschiedlich stark auf das Verhalten aus. Die Übergänge sind außerdem fließend, es wird auch nie – außer in Extremsituationen – das gesamte Bemühen auf die Bedürfnisse einer momentanen aktuellen Kategorie gerichtet werden.

Die einzelnen Kategorien der Bedürfnispyramide sind (Simon 2009, Buchacher, Wimmer 2008, Laufer 2009):

An der Basis angesiedelt, auf der breitesten *Stufe 1* sieht Maslow existenzielle, physiologische Grundbedürfnisse, die der Selbsterhaltung dienen, z.B. nach Nahrung, Wohnraum, Kleidung, Wärme und Schutz vor Gesundheitsschäden. Ihre

Erfüllung ist unverzichtbar, daher haben sie einen besonders starken Einfluss auf das Verhalten.

Praktisch Beispiele (Laufer 2009, 69ff) für Maßnahmen zur Befriedigung von Mitarbeiterbedürfnissen nach körperlichem Wohlbefinden am Arbeitsplatz sind z.b. eine an die körperlichen Belastbarkeiten angepasste Arbeits- und Arbeitszeiteinteilung, ausreichende Pausen, zweckmäßige und ansprechende Arbeits-, Pausen- und Sanitärräume, optimale Beheizung, Belüftung und Beleuchtung, ergonomisch einwandfreie Arbeitsplatzausstattung (z.B. Stühle) sowie Verpflegungsmöglichkeiten.

Hier möchte ich meinen Schülern gewährleisten ...:

_____

_____

_____

_____

_____

_____

Auf der *Stufe 2* steht das Bedürfnis nach Sicherheit, z.B. Sicherheit vor Angst, Willkür, vor Ungeordnetheit, vor sozialem Abstieg und Armut. Auch vorsorgende Maßnahmen zur Absicherung der Befriedigung der körperlichen Bedürfnisse für die Zukunft sind hier angesiedelt.

Das Bedürfnis nach Sicherheit kann bedient werden durch eine transparente innere Organisation mit eindeutigen Regelungen der Zuständigkeiten und Kompetenzen, umfassende Informationen, klare und verständliche Anweisungen, persönliche Gespräche für Mitarbeitersorgen und -nöte, Hilfsangebote, Einhalten gemachter Zusagen und Rückmeldungen über Arbeitsergebnisse und den Leistungsstand.

Hier möchte ich meinen Schülern gewährleisten ...:

_____

_____

_____

_____

_____

_____

Auf der *Stufe 3* sieht Maslow soziale Bedürfnisse nach Gemeinschaft, Gesellschaft, nach Kontakt und Beziehung, z.B. in Freundschaft, Familie und Vereinigungen. „Sind unmittelbares Wohlbefinden und langfristiges Überleben abgesichert, gewinnen zwischenmenschliche Bedürfnisse an Bedeutung." (Laufer 2009, 57)

Zur Befriedigung dieses Bedürfnisses tragen häufige Gespräche, regelmäßige Gruppenbesprechungen und das Arbeiten in Arbeitsgruppen und Projektteams bei In einem angenehmen Betriebsklima erfährt der Mitarbeiter Interesse an seiner Person und dass er wahrgenommen und gehört wird; Mobbing muss unterbunden sowie Konflikte geschlichtet werden. Gemeinsame Pausenzeiten und –

räumlichkeiten ermöglichen Kontakt und Austausch, das Gruppenimage und Gemeinschaftsbewusstsein kann weiterhin durch Feste, Ausflüge, Sportgemeinschaften und Hobbygruppen gefördert werden.

Dieses Bedürfnis werde ich befriedigen durch ...:

_____

_____

_____

_____

_____

_____

Die *Stufe 4* berücksichtigt das Bedürfnis nach Anerkennung, Wertschätzung und Zuwendung. Hinreichend eingebunden in eine Gemeinschaft erwächst das Streben nach Anerkennung durch andere, danach, ein wertvolles Mitglied der Gruppe zu sein und Lob und Ansehen zu erhalten. Dazu gehören auch die Position im Unternehmen oder eine Kompetenzerweiterung.

Dem Bedürfnis nach Wertschätzung wird entgegengekommen, indem die Mitarbeiter z.B. individuell mit Namen begrüßt werden und ihnen zu persönlichen Anlässen gratuliert wird. Sie erfahren Zuspruch und Lob, positive Arbeitsergebnisse werden verbal anerkannt. Sie müssen ein Respektieren ihrer persönlichen Weltanschauungen oder Wertvorstellungen und ein Erfragen ihrer Meinungen, Vorstellungen und Wünsche erleben. Sie erhalten verantwortungsvolle und herausfordernde Aufgabenstellungen, aus deren Bewältigung sie Bestätigung erfahren können und ihnen wird Eigenverantwortung und Entscheidungsbefugnis eingeräumt.

Dieses Bedürfnis werde ich befriedigen durch ....

_____

_____

_____

_____

_____

_____

Auf der *Stufe 5* ist das Bedürfnis nach Selbstverwirklichung, Selbstentfaltung und Selbsterfüllung, nach persönlichem Wachstum und Leistung angesiedelt. Der Mensch ist hier geleitet durch seinen Idealismus und sein Verlangen, das zu aktualisieren, was er an Möglichkeiten besitzt, er sucht Befriedigung in seinem eigenen Schaffen und will stolz sein auf seine eigenen Leistungen. Dieses Bedürfnis (sowie auch das der Stufe 4) beschreibt Maslow als Wachstumsbedürfnis: Je mehr es befriedigt wird, desto stärker wird es.

Das Bedürfnis nach Selbstverwirklichung kann befriedigt werden, indem durch einen Verzicht auf zu einengende Arbeitsanweisungen Freiräume für kreative Aktivitäten gelassen und Eigeninitiativen unterstützt werden. Verbesserungsvorschläge werden gewürdigt und können vom Betreffenden selber verwirklicht bzw. erprobt werden. Entsprechend persönlicher Fähigkeiten, Vorlieben und Hobbies werden Sonderaufträge vergeben. Die Arbeitsraumgestaltung kann durch die Mitarbeiter selbst erfolgen und es wird eine individuelle Arbeitszeiteinteilung zugelassen.

Dieses Bedürfnis werde ich befriedigen durch ...:

_____

_____

_____

_____

_____

_____

D.h.: Erst, wenn die Bedürfnisse des Schülers nach einer seiner körperlichen Belastbarkeit angepassten Einteilung der Anforderungen und nach Sicherheit in Form von innerer Organisation und Regelungen der Zuständigkeiten sowie nach Beziehung und Anerkennung befriedigt sind, wird er bereit sein, sich Lernzielen zu widmen, die das Wachstum seiner Leistung betreffen!

Auch der Psychologe *Thoms Gordon* (nach Simon 2009) räumt der Befriedigung der Bedürfnisse in seinem Konzept der erfolgreichen Führung einen breiten Stellenwert ein; in diesem vermittelt er, basierend auf der non-direktiven Gesprächsführung von Carl Rogers, Führungskräften Techniken, um Zusammenarbeit zu effektivieren und die zwischenmenschliche Kommunikation zu fördern, z.B. durch die Technik des Aktiven Zuhörens.

Das *Aktive Zuhören* trägt dem Umstand Rechnung, dass Menschen, also die Mitarbeiter und auch die Führungskräfte selbst, Bedürfnisse haben, die beachtet und befriedigt werden wollen und müssen, z.B. nach Selbstachtung, Sicherheit, Geborgenheit, sozialer Anerkennung und Vertrauen. Bleiben diese Bedürfnisse unbefriedigt, resultieren Unzufriedenheit, Frustration und somit Konflikte. Daher ist es die Aufgabe der Führungskraft, durch ein Erkunden und Erfragen der Bedürfnisse der Mitarbeiter deren Anliegen zu befriedigen, um durch mehr befriedigte Bedürfnisse auf beiden Seiten die konfliktfreie Zone auszuweiten.

Der amerikanische Psychologe *Herzberg* fand bei einer Befragung von Angestellten nach schönen und unschönen Erinnerungen an ihre Arbeitswelt zwei unterschiedliche Arten von Einflussfaktoren auf die Motivation der Mitarbeiter, und entwickelte daraus seine *Zwei-Faktoren-Theorie* (Laufer 2009).

Er fand zum einen *Vermeidungsbedürfnisse* (Unzufriedenheitsvermeider): Sie führen zwar zu keinem Motivationsschub der Mitarbeiter, müssen aber dennoch als Stabilisatoren erfüllt sein. Sind sie nicht in ausreichendem Maße gegeben oder fehlen sie ganz, führt dies zu Demotivation, mangelndem Engagement, leistungshemmender Unzufriedenheit und einem Unterschreiten der Normalleistung. Herzberg zählt zu diesen Hygienefaktoren Zustände, Erlebnisse und

Rahmenbedingungen, die mit dem Arbeitsumfeld in Zusammenhang stehen, aber außerhalb der unmittelbaren Arbeitstätigkeit liegen, z.B. befriedigende zwischenmenschliche Beziehungen zu Vorgesetzten und Kollegen, Status, Betriebsklima, attraktives Firmenimage, Führungstechnik, Unternehmenspolitik, innerbetriebliche Organisation, gute Arbeitsbedingungen und Arbeitsplatzausstattung.

Zum anderen fand er *Entfaltungsbedürfnisse* (Anspornfaktoren): Dies sind direkte Motivatoren der Stärkung der Arbeitshaltung, sie wirken intensiv und nachhaltig und führen zu einer idealen Verknüpfung von Arbeitszufriedenheit und Leistungsbereitschaft; nur sie sind geeignet, lang anhaltendes Engagement zu schaffen. Es handelt sich um Anreize, die in der Arbeit selbst begründet und unmittelbar mit ihr verknüpft sind und deren Erfüllung befriedigt. Dies sind z.B. Erfolgserlebnisse, Selbstbestätigung durch Leistung, Gestaltungsmöglichkeiten, Handlungsfreiheit, Sinn in der Tätigkeit, Stolz auf die eigene Arbeit, Lob, Anerkennung guter Ergebnisse durch Vorgesetzte, Zuteilung einer verantwortungsvollen Aufgabe, herausfordernde Ziele, interessante Aufgaben und Arbeitsinhalte, inhaltliches Fortkommen, Schulungen, selbständiges Arbeiten, Eigenverantwortung, Entscheidungsbefugnis, Beförderung, Entfaltung, Aufstiegsmöglichkeiten und Leistungswettbewerb.

Als Motivationsanreize, die auf die emotionalen Mitarbeiterbedürfnisse abzielen, wurden genannt: unterfordernde Arbeitsinhalte anreichern, Mitarbeiter mitentscheiden lassen, Mitsprachemöglichkeiten, einwandfreie Arbeitsergebnisse würdigen, persönliche Gespräche führen, Sorgen und Bedenken ernst nehmen, Arbeiten nach Eignung zuweisen, ehrlich und gerecht loben, aber auch kritisieren.

Nach Herzberg gehört es somit zu den Aufgaben der Führungskraft, es den Mitarbeitern zu ermöglichen, in der Arbeit selbst Befriedigung zu finden, sowie für ein förderliches Arbeitsumfeld und –bedingungen und betriebliche Verhältnisse zu sorgen, die den Mitarbeitern keinen Anlass zu Unzufriedenheit geben. „Erst wenn zufrieden stellende Stabilisatoren gegeben sind und geeignete Motivatoren hinzukommen, sind optimale Voraussetzungen für echte Arbeitszufriedenheit und nachhaltige Leistungssteigerungen gegeben." (Laufer 2009, 64).

Um Unzufriedenheit zu vermeiden, will ich sorgen für …:

_____

_____

_____

_____

_____

_____

Um zur Entfaltung anzuspornen, will ich sorgen für ...:

_____

_____

_____

_____

_____

_____

_____

_____

_____

_____

III.10. Ich übertrage auch Aufgaben

Delegieren bedeutet die zeitlich begrenzte Übertragung von Aufgaben aus dem Funktionsbereich der Führungskraft auf Mitarbeiter. Es heißt nicht, Aufgaben auf andere abzuwälzen, die man selbst nicht tun möchte oder einzelne Aufträge zu erteilen, sondern einen fest umrissenen Aufgabenbereich oder eine spezielle Aufgabe abzugeben.

Werden Aufgaben an Mitarbeiter delegiert, muss ihnen auch die zur Umsetzung erforderliche Verantwortung übertragen werden. So wird nicht nur eine Aufgabe abgegeben, sondern es müssen auch die zur Zielerreichung erforderlichen Informationen mitgeliefert werden und entsprechende Kompetenzen, also notwendige Befugnisse und der Zugriff auf Ressourcen eingeräumt und erteilt werden (Buchacher, Wimmer 2008, Simon 2009).

Das bedeutet für die Führungskraft auch, Macht abzugeben und weniger Einfluss auf den Arbeitsprozess nehmen zu können, sowie Misserfolgsrisiken einzugehen.

Die Vorteile und Nutzeffekte liegen dennoch auf der Hand: Die direkte Entlastung der Führungskraft schafft mehr Zeit für die Mitarbeiterführung, außerdem gibt es auch längerfristige Effekte wie das Heranbilden von Vertretungen und das selbständige Arbeiten der Mitarbeiter: Sie werden qualifiziert, auch bei Abwesenheit des Vorgesetzten auftretende Probleme selbstverantwortlich zu lösen. Die Mitarbeiter selbst profitieren ebenfalls im Interesse ihrer persönlichen Entwicklung von der Übertragung der Verantwortung und der Erweiterung ihres Entscheidungs- und Handlungsspielraums. Sie erhalten eine Chance für motivierende Erfolgserlebnisse und eine Stärkung ihres Verantwortungsbewusstseins und ihrer Risikobereitschaft; verborgene Qualitäten und Entwicklungspotenziale ihrerseits können erkannt werden. Die Eigenerfahrung ermöglicht ihnen ein Entwickeln von mehr Selbständigkeit, Kreativität und Entscheidungsfähigkeit. „Mit der Delegierung befriedigen Sie das Bedürfnis Ihrer Mitarbeiter nach einem eigenen Wirkungskreis, größerer Selbständigkeit und mehr Entscheidungsfreiheit. Das sind leistungsfördernde Motivationsfaktoren." (Simon 2009, 121).

Nicht alle Arten von Verantwortung können dabei abgegeben werden.

So wie die *Gesamtverantwortung* liegt auch die *Entscheidungsverantwortung,* d.h. die Entscheidung darüber, wie in ungeplanten Situationen zu verfahren ist, grundsätzlich in der Verantwortung des Vorgesetzten. Sie kann jedoch fallweise je nach Maßgabe der Umstände delegiert werden, selbst im Falle dieser Entscheidungsdelegation liegt die Gesamtverantwortung aber beim Vorgesetzten. Er hat als Gesamtverantwortlicher auch die Folgen einer Fehlentscheidung eines Mitarbeiters zu vertreten. Zur Gesamtverantwortung gehört ebenso die Kontrolle der Aufgabenerledigung. „Je mehr eine Führungskraft delegiert, desto mehr muss sie im Hinblick auf ihre Gesamtverantwortung kontrollieren." (Laufer 2009, 102).

Die *Handlungsverantwortung* als die Verantwortung des Mitarbeiter für das selbständige Handeln und Entscheiden im eigenen Delegationsbereich wird automatisch mit dem Arbeitsauftrag delegiert und geht an den Mitarbeiter über: Er trägt die Verantwortung dafür, dass er seine übernommenen Pflichten nach besten Kräften erfüllt.

Eine mögliche Delegierbarkeit wird auch durch die Art der Aufgabe beeinflusst. Delegierbar sind alle Sachziele und die damit verbundenen Aufgaben, die Mitarbeiter selbst umsetzen können. Zur Verantwortungsdelegation gut geeignete Sachaufgaben sind (Laufer 2009, 102):

- häufig wiederkehrende Arbeiten mit einem einmaligen Einweisungsaufwand
- zeitaufwändige Arbeitsaufgaben mit einem geringen Fehlerrisiko
- durch Vorschriften oder allgemeine Vorgaben weitgehend geregelte Tätigkeiten
- Detailaufgaben und Tätigkeiten für Spezialisten
- typische Stellvertreteraufgaben
- weiterqualifizierende Einzelarbeiten.

Auch die Eignung des Mitarbeiters ist zu berücksichtigen: Entscheidungsbefugnisse sollten z.B. nur übertragen werden, wenn notwendige Information bzw. Vorkenntnisse sowie erforderliche Übung oder Erfahrung zur Verfügung stehen.

Ich kann Arbeitsformen und Methoden wie Projektarbeit, Freiarbeit und Wochenplanarbeit einsetzen, ich kann die Schüler Dienste übernehmen lassen sowie sie in einem Klassenrat o.ä. mitgestalten lassen, ohne dabei die Gesamtverantwortung aus den Händen zu geben.

Ich denke dabei an ...:

_____
_____
_____
_____
_____
_____
_____
_____
_____

III.11. Ich baue Konflikten vor

Die in den einzelnen Kapiteln beschriebenen Prinzipien ermöglichen eine erfolgreiche Führung. Ihre Beachtung und Umsetzung trägt dazu bei, Konflikte gar nicht erst entstehen zu lassen und vorbeugend zu vermeiden. Werden die genannten Aspekte missachtet, kann dies zu Konflikten führen.

So hat auch bei menschlichen Mitarbeitern ein *situativ nicht richtig angepasstes Führungsverhalten* Auswirkungen auf die zu Führenden.

Wird der autokratische, direktive Führungsstil situationsüberdauernd eingesetzt, auch wenn es nicht erforderlich wäre, entstehen bei den Mitarbeitern häufiger Anpassung, Resignation, Unzufriedenheit und Aggression, außerdem wird nur bei Beaufsichtigung und Druck gearbeitet (Buchacher, Wimmer 2008).

Bei Interventionen im Rahmen des Führungsverhaltens spielt neben dem richtigen Zeitpunkt v.a. die richtige Dosierung der Intensität einer Einwirkung eine wichtige Rolle (Kolzarek, Lindau-Bank 2011). „Ein Führungsproblem des Manageralltags ist immer wieder der lange aufgestaute Druck, der dann oft unerwartet ausgeübt und nachtragend aufrechterhalten wird." (Hendrich 2008, 38) und dann irgendwann unberechenbar geäußert wird.

Somit können Maßnahmen und Verhalten einer Führungskraft Mitarbeiter auch unnötig *demotivieren* und *Vertrauen verspielen*. Einen demotivierten Mitarbeiter wieder aufzubauen, ist ein langwieriger, mühevoller Prozess.

Die Folge des Bestrebens von Führungskräften, sich abzusichern, kann sein, dass sie ihre Mitarbeiter nur innerhalb enger Grenzen arbeiten lassen, ihre Arbeitsweise genau vorschreiben und Arbeiten rigide kontrollieren. Für die Vertrauensbildung und das Arbeitsklima ist es jedoch wichtig, auch Handlungsfreiräume zu lassen und nicht durch ständige Kontrollen einzuengen und zu demotivieren. Misstrauen führt zu mangelndem Vertrauen, und dies kann nur ersetzt werden durch bis ins letzte Detail geregelte Bedingungen und lückenlose Kontrolle: „Ein solches Zusammenwirken ist völlig auf die Sachebene reduziert und missachtet fundamentale emotionale Bedürfnisse" (Laufer 2009, 93). Die Folge sind Unzufriedenheit, gegenseitige Schuldzuweisungen, Konflikte, destruktives Verhalten und Sabotageakte, mit negativen Auswirkungen auf die gesamte Zielerreichung. „Vertrauen birgt Risiken - Misstrauen aber auch!" (Laufer 2009, 93).

Nach Laufer (Laufer 2009) sollte die Führungskraft Entscheidungen gegen die Meinungen und Interessen der Mitarbeiter nicht ohne triftigen Grund und nicht ohne Absprache treffen, und die Mitarbeiter nicht stärker kontrollieren, als es deren Fähigkeiten oder Fehlerrisiken erfordern. Eine effektive und dauerhafte Zusammenarbeit erfordert ein ausgewogenes Verhältnis von Vertrauen und Misstrauen, von Risikobereitschaft und Kontrolle. Ein Minimum an vorsorglicher Absprache oder Regelungen sowie ein Austausch hinsichtlich gegenseitiger Erwartungen ist unverzichtbar, um diese berücksichtigen zu können. Wird eine angemessene Balance gefunden zwischen wünschenswertem Verhalten und zweckdienlichem Misstrauen, kann das Vertrauensverhältnis wachsen.

Wenn die Führungskraft Entscheidungen treffen muss, die sich gegen die Interessen der Mitarbeiter richten, ist Vertrauen notwendig: „Nur wenn die Mitarbeiter davon überzeugt sind, dass es sich nicht um eine momentane Laune des Chefs oder sogar um einen Akt der Willkür handelt, werden sie auch eine ungeliebte oder gar schmerzliche Maßnahme akzeptieren. (…) Dringlichkeit und Handlungszwänge oder die fachliche Komplexität eines Arbeitsauftrags lassen es manchmal nicht zu, den Mitarbeitern den Sinn und Zweck einer Anweisung hinreichend verständlich zu machen. Auch in derartigen Situationen kann nur das grundlegende Vertrauen in die Kompetenz und die guten Absichten des Vorgesetzten die notwendige Maßnahmenakzeptanz bei den Mitarbeitern bewirken." (Laufer 2009, 92).

Osterhammel (Osterhammel 2006) bezieht sich auf eine Befragung von Mitarbeitern, in der diese von ihnen als ungünstig für ihr Engagement empfundene Faktoren nannten: Dies waren die Ausübung von Autorität als Folge von Macht (aber nicht von Charisma und geistiger Führung) und ein von Anpassung, Unterwerfung und Misstrauen geprägtes Arbeitsklima; dies führt zu einer geringen emotionalen Bindung. Ist der Mitarbeiter durch mangelnde Motivationsanreize, ungerechte Behandlung, verletzende Kritik, mangelnde Würdigung der Leistungen, herabsetzende Äußerungen, diskriminierende Maßnahmen, frustrierende Erlebnisse oder Umfeldbedingungen und bewusste Missachtung demotiviert, fühlt er sich nicht wahrgenommen und respektiert, kann es bei ihm zur sog. inneren Kündigung kommen.

Als Folge dieser inneren Kündigung kommt es beim Mitarbeiter zu einer innerlichen Distanzierung, einer Verabschiedung von der Arbeit oder dem gesamten Unternehmen. Er wird resigniert, verschlossen, verfällt in Duldungsstarre und Schonhaltung und zeigt verminderte Einsatzbereitschaft, auch sichtbar an einer erhöhten Anzahl von Fehltagen. Es erfolgt ein gezieltes Verweigern von Engagement und Eigeninitiative, er verhält sich zukünftig passiv, täuscht Arbeit nur vor und wählt den Weg des geringsten Widerstandes. Aggressionen treten eher im Vorfeld auf, als Ausdruck der Verzweiflung. Bei Anzeichen einer Flucht in die innere Kündigung sind dringend Gespräche notwendig, um die Entwicklung aufzuhalten und neue Motivationsanreize zu bieten (Laufer 2009).

Eine interessante Position zum Thema Motivation findet man bei Reinhard K. Sprenger (Simon 2009). Er sieht Modelle und Maßnahmen zur Mitarbeitermotivierung als kontraproduktiv an, hält alles Motivieren gar für Demotivieren.

Sein Vorwurf ist, dass der Ansatz der Motivierung davon ausgeht, dass die Motivation durch Führung angefacht werden muss und der Mitarbeiter ansonsten von Natur aus träge ist. Während Führungskräfte ihre eigene Arbeitsmoral als sehr hoch einstufen, wird den Mitarbeitern als Methode unterstellt, von sich aus keine volle Leistungsbereitschaft als Arbeitsgrundlage mitzubringen.

Bonussyteme z.B. sieht er als Misstrauen, in denen der Mitarbeiter vom Vorgesetzten verdächtigt wird, zunächst nicht den vollen Einsatz zu bringen und einen Teil seiner Arbeitsleistung vorzuenthalten. Diese erfahrenen Zweifel des Vorgesetzten an der fachlichen Kompetenz des Mitarbeiters behindern entscheidend dessen Leistungsfreude. Im Sinne einer self-fulfilling-prophecy, einer Vorhersage, die ihre eigene Erfüllung verursacht, werden Mitarbeiter z.B. unselbständig sein, wenn man sie dafür hält. Hat man nur niedrige Leistungserwartungen, werden die Leistungen niedrig sein, zumindest in der Wahrnehmung des Beobachters. „Sprenger sieht die Aufgabe der Führungskraft wie folgt: „Führen ist vor allem das Vermeiden von Demotivation." (Simon 2009, 114).

Sprenger selbst geht davon aus, dass jeder Mensch grundsätzlich motiviert ist und seine Leistungsbereitschaft nicht erst durch Motivierung geschaffen oder gesteigert werden muss. Anstatt Motivationssysteme einzusetzen, sollte die Führungskraft ihrer Aufgabe gerecht werden, aktiv und motivierend zu führen. Die Führungskraft sollte den Mitarbeiter als Person wahrnehmen und der Person als solcher, nicht nur auf die Leistung bezogen, mit Freundlichkeit, Aufmerksamkeit und Zuwendung gegenübertreten.

Zu den Aufgaben der Führungskraft zählen daher nach Sprenger…:

es dem Mitarbeiter zu ermöglichen, seine Talente einzubringen und sich weiterzuentwickeln.

das Umfeld der Arbeit so zu gestalten, dass der Mitarbeiter einen Sinn darin finden und ausleben und Arbeit als sinn- und wirkungsvoll erleben kann.

Entfaltungsmöglichkeiten und Freiräume zu schaffen und zu schützen, und es dem Mitarbeiter zu ermöglichen, die Sache zu seiner Sache zu machen.

Konflikte und dadurch Probleme können ihre Ursachen auch in *Missverständnissen und Kommunikationsstörungen* haben, und somit durch eine gelungene Kommunikation vermieden werden.

Der Kommunikations- und Sozialpsychologe Paul Watzlawick sieht seine fünf Regeln zur Gesprächsführung (Simon 2009) auch als "Analyseraster", um Probleme zu erkennen bzw. zu vermeiden, da Störungen der zwischenmenschlichen Kommunikation zu einem Einander-nicht-Verstehen und damit zur Entfremdung der Kommunikationspartner führen.

Nach Watzlawick können gestörte Beziehungen dazu führen, dass leichter Missverständnisse entstehen: Ist eine Störung auf der Beziehungsebene eingetreten, häufen sich Fehlinterpretationen. Der Inhalt einer Mitteilung wird dann vom Empfänger aufgrund seiner Sichtweise der Beziehung anders eingeordnet oder wird wegen der gestörten Beziehung erst gar nicht akzeptiert.

In seiner dritten Regel beschreibt Watzlawick, wie Kommunikation kreisförmig verläuft; sie hat keinen Anfang und kein Ende. Jede Handlung beruht auf einer vorausgehenden und löst eine weitere aus, wie in einem kreislaufartigen Reiz-Reaktions-Schema. Jede Kommunikation enthält dabei entsprechend der Sichtweise der Partner eine unterschiedliche Sicht der Ereignisfolge im Kommunikationsablauf. Bei Streitigkeiten kann das bedeuten, dass jeder Partner seinen eigenen Ausgangspunkt setzt und dem anderen vorwirft, er habe angefangen; in einem solchen Fall sehen beide Kommunikationspartner im Verhalten des anderen jeweils die Ursache des eigenen Verhaltens. Dieser Kreislauf kann nur unterbrochen werden, wenn das eigene Verhalten als Voraussetzung für das Verhalten des anderen begriffen wird und indem über die Art und Weise der Kommunikation miteinander gesprochen wird (Metakommunikation).

Nach dem Psychologen Schulz v. Thun (Simon 2009) können Konflikte ihre Ursache darin haben, dass der Gesprächspartner etwas anderes aufnimmt, als der andere es meint. Ausgehend von Untersuchungen zu den Ursachen kommunikativer Konflikte entwickelte er sein Modell der Vier-Ohren.

Parallel zu den vier Seiten einer Nachricht beschreibt er die vier Ohren des Empfängers: Die Empfangssensibilität für die vier Arten von Botschaften kann unterschiedlich ausgeprägt sein. So wird z.B. vor allem entweder in erster Linie die Selbstoffenbarung, die Beziehungsbotschaft oder der Appell herausgehört; häufig ist einem nicht bewusst, dass sozusagen drei Ohren geschlossen sind, während eines weit offen steht.

Ist vorwiegend das Sach-Ohr geöffnet, wird zwar der Sachinhalt einer Nachricht wahrgenommen, es kann aber zu Problemen führen, wenn andere, ebenfalls wichtige Aspekte der Nachricht vernachlässigt werden, z.B. wenn es eigentlich um zwischenmenschliche Differenzen und Beziehungsaspekte geht. Ist das Selbstoffenbarungs-Ohr zu ausgeprägt, wird der Sender hinterfragt, man sucht Erklärungen in seiner Person; dies birgt die Gefahr, dass der Empfänger nichts mehr auf sich bezieht. Wenn das Beziehungsohr zu überempfindlich ist, werden sachliche Argumente kaum beachtet, und in beziehungsneutrale Nachrichten werden Beziehungsbotschaften hineininterpretiert. Ist das

Appell-Ohr zu groß, will der Empfänger selbst den unausgesprochenen Erwartungen entsprechen und bei der kleinsten Andeutung einer Aufgabe diese für jemanden erledigen.

Um dem Ziel näherzukommen, Missverständnisse zu minimieren, kann das Wissen helfen, dass jede Nachricht vier Botschaften enthält, so dass die Nachricht möglichst sozusagen mit allen vier Ohren gehört werden kann. Wer weiss, dass eine einzige Aussage auf vier unterschiedliche Arten verstanden werden kann, hat gute Voraussetzungen, selbst wirksamer zu kommunizieren!

Auch im NLP (nach Simon 2009) wird davon ausgegangen, dass es eine Ursache für Kommunikationsstörungen sein kann, dass unterschiedliche Kommunikationsstile bzw. Wahrnehmungskanäle im Gespräch aufeinander treffen, z.B. eher visuell, auditiv oder kinästhetisch orientiert. Ein wesentlicher Grund für Schwierigkeiten und Missverständnisse ist oft die unterschiedliche bevorzugte Art der Menschen, die Welt wahrzunehmen.

Als eine Technik zur Verbesserung von Kommunikation nutzt das NLP das sogenannte Reframing: Ereignissen oder Verhaltensweisen werden dabei ein neuer "Rahmen" gegeben; so entsteht die Chance, störendes Verhalten einer anderen Person in einem anderen Licht zu sehen und die positiven Absichten zu erkennen.

Im Verhältnis zu den Mitarbeitern kann auch eine eventuell vorliegende *mangelnde Akzeptanz* des Vorgesetzten eine Rolle bei der Entstehung von Konflikten spielen.

Die inhaltliche Akzeptanz von Entscheidungen durch die Mitarbeiter ist mit abhängig von der Akzeptanz der Führungskraft als Persönlichkeit: „Ob Ihre Mitarbeiter Ihre Entscheidung nicht nur formal zur Kenntnis nehmen, sondern auch innerlich akzeptieren, hängt nicht nur von der sachlichen Richtigkeit der Entscheidung ab. Vielmehr hängt ein großer Teil der Akzeptanz von Ihnen als Persönlichkeit ab: Klarheit in der Zielsetzung, Ihr Führungsstil, Ihr Verhalten den Mitarbeitern gegenüber und Ihre Investitionen in das Betriebsklima schlagen jetzt zu Buche." (Buchacher, Wimmer 2008, 94). Mitarbeiter tragen Entscheidungen der Führungskraft eher mit, wenn sie möglichst in den Entscheidungsprozess eingebunden sind und so viel Transparenz und Information wie möglich erhalten.

Auch die menschlichen Mitarbeiter prüfen bei jeder Aktion ihres Vorgesetzten, ob es sich für sie lohnt zu folgen oder nicht. „Wenn ein Verhalten innerhalb einer bestimmten Gruppe nicht als führungsadäquat angesehen wird, geht Akzeptanz verloren. In Organisationen wird oft nicht wahrgenommen, ob Führungsverhalten akzeptiert wird oder nicht, da Rückmeldungen darüber fehlen, und Führungspersonen ihren Führungsanspruch aus ihrer Position heraus ableiten." (Kolzarek, Lindau-Bank 2011, 44). Gibt die Führungskraft bei Problemen nach und ordnet sich den Mitarbeitern unter, um Konflikten auszuweichen, nehmen diese ihr die Problemlösung aus der Hand; sie wird als führungsschwach eingestuft und künftig einfach übergangen werden.

Liegen *Mitarbeiterwiderstände* vor, müssen die *Ursachen* hierfür *herausgefunden werden, um diese abbauen zu können:*

Anweisungen der Führungskraft treffen bei den Mitarbeitern nicht immer auf Zustimmung; aufgrund der individuellen Mentalität, Erfahrungen und Lebenssituationen der Mitarbeiter sowie deren unterschiedliche Bedürfnisse und Ansichten können bei einem Arbeitsauftrag unterschiedliche Reaktionen, auch Vorbehalte und Widerstände, ausgelöst werden. Auch die Fähigkeiten, die momentane Stimmungslage und körperliche Verfassung der Mitarbeiter spielen bei ihren Reaktionen eine Rolle (Laufer 2009).

In diesen Situationen sind die Führungsfähigkeiten besonders gefordert. Die Führungskraft muss dafür sorgen, dass Arbeiten trotz der Mitarbeitervorbehalte erledigt werden, auch wenn dies möglicherweise einen Konflikt auslöst. Diese Widerstände können wiederum entweder durch Kooperation oder durch Repression überwunden werden. Im kooperativen Weg wird die Führungskraft versuchen, Widerstände durch Überzeugung abzubauen, dies beugt auch künftigen Widerständen aus ähnlichen Anlässen vor. Im repressiven Weg werden Widerstände durch Machtausübung gebrochen; dieser bleibt notfalls der „einzig gangbare Weg" (Laufer 2009, 79), wenn sämtliche Überzeugungsversuche gescheitert sind, die Auftragserledigung aber unverzichtbar ist. Beide Wege können also in bestimmten Situationen gerechtfertigt und zielführend sein. So ist immer wieder neu zu entscheiden, welcher Weg der Überwindung aktuell angemessen ist.

Widerstände sollten auch als Anlass zu einer selbstkritischen Reflexion genommen werden, um die Anordnung noch einmal kritisch zu überdenken sowie plausibel zu begründen. Halten sie dieser Überprüfung stand, sollten die gesetzten Ziele dann aber beharrlich und mit Konsequenz verfolgt und nicht aufgegeben werden.

Gibt es bei den Mitarbeitern Widerstände gegen Arbeitsaufträge, ist es auf alle Fälle unerlässlich, die Gründe hierfür herauszufinden und sie zu berücksichtigen, da sie unterschiedliche Maßnahmen erfordern. „Geht man vorschnell von einer lediglich vermuteten und nicht abgesicherten Ursache aus, bleibt es dem Zufall überlassen, ob es gelingt, die Widerstände tatsächlich und dauerhaft abzubauen." (Laufer 2009, 78). Was steckt hinter den Vermeidungsstrategien des Anderen? Was will er eigentlich? Wie kann ich ihn mit dieser Ausgangslage für mein Ziel gewinnen, ihn miteinbeziehen?

Leistungs- oder Verhaltensprobleme sind nicht immer Motivationsprobleme. Erbringt ein Mitarbeiter nicht die von ihm verlangten Arbeitsergebnisse oder verhält sich nicht vorgabengerecht, können mögliche Ursachen sein (Laufer 2009, 77f): Der Mitarbeiter …

versteht nicht: Hier ist sicherzustellen, dass der Auftrag richtig verstanden wurde. Die Führungskraft sollte nachfragen und sich vergewissern, ob der Mitarbeiter alle relevanten Informationen nachvollzogen hat.

hat verstanden, aber glaubt nicht: Es besteht Verunsicherung hinsichtlich der Hintergründe des Arbeitsauftrags, der Mitarbeiter glaubt nicht an dessen Notwendigkeit oder Sinnhaftigkeit. Hier sind gezielte, umfassende Informationen notwendig, um die Situation in einem größeren Gesamtzusammenhang zu sehen und so besser zu verstehen.

hat verstanden und glaubt, aber kann nicht: Fachliche Defizite, fehlende Kenntnisse oder Fertigkeiten liegen vor, die durch Weiterbildungsmaßnahmen behoben werden sollten, außerdem sollte überprüft werden, ob der Mitarbeiter generell für diesen Auftrag geeignet ist. Außerdem müssen Sachmittel und Befugnisse vorhanden sein.

Bei einer Überforderung der Mitarbeiter durch ein zu hohes Niveau der Anforderungen können Unsicherheit, Stress und Angst entstehen, im Gehirn werden Botenstoffe ausgeschüttet, die die Handlungsfähigkeit noch weiter einschränken und zu Fehlern und Frustration führen. Unterforderung wiederum kann zu Langeweile, Frust, Unzufriedenheit, zu Flucht ins Private und in die „Pensionserwartungshaltung" führen (Buchacher, Wimmer 2008).

hat verstanden, glaubt und kann, aber will nicht: Es muss herausgefunden werden, ob konkrete individuelle Gründe vorliegen, denen entsprechend begegnet werden kann, oder ob generell Motivationsprobleme vorliegen.

Es ist daher unerlässlich, zunächst die zugrundeliegenden individuellen und situationsbedingten Ursachen zu ermitteln. „Kritisiert oder bestraft man einen überforderten Mitarbeiter vorschnell, schafft man sich zusätzlich zum auslösenden Arbeitsproblem noch ein echtes Motivationsproblem." (Laufer 2009, 52).

Will die Führungskraft die Ursache für die Ablehnung des Mitarbeiters verstehen, muss sie bereit sein, sich in seine Lage zu versetzen und die Dinge mit seinen Augen betrachten; sind die Vorbehalte aus seiner Perspektive evtl. durchaus verständlich? Dann kann versucht werden, dem Mitarbeiter den Sinn und Nutzen des Vorhabens sowie gegebene Sachzwänge einsehbar zu machen und mit ihm gemeinsam nach einer für beide Seiten akzeptablen Vorgehensweise zu suchen.

Um Konflikte gar nicht erst entstehen zu lassen, will ich besonders achten auf …:

_____
_____
_____
_____
_____
_____
_____
_____
_____
_____
_____
_____

IV. Was kann ein Training mit Pferden leisten?

Was kann nun über diese Anstöße und Reflexionshilfen der Pferde hinaus ein praktisches Training mit Pferden bewirken? Was kann es außerdem über die Effekte eines Trainings an sich, indem z.b. methodisch Rollenspiele mit anschließender Auswertung und Feedback durch die anderen Trainingsteilnehmer und den Trainer eingesetzt werden, hinaus bewerkstelligen, was sind seine Vorteile?

Eine durchgehende Frage bei allen angesprochenen Themen ist die, inwieweit die Selbst- und die Fremdwahrnehmung übereinstimmen: Ob man das, was man in den Bereichen Kommunikation, Körpersprache, Verhalten, Kompetenzen etc. ausdrücken will, auch wirklich so vom Gegenüber wahrgenommen wird – so sehen wir uns z.B. körpersprachlich selbst nie in Bewegung - oder andersherum, ob man die Wirkung, die man auf andere macht, tatsächlich auch so beabsichtigt hat.

Eine zu große Diskrepanz in der Selbst- und Fremdwahrnehmung beeinträchtigen das soziale Miteinander und können ein Auslöser für Missverständnisse sein. Nur ca. die Hälfte aller Menschen stimmt bei ihrer Selbstbeurteilung relativ genau mit dem Fremdurteil überein; Menschen mit einem geringen Selbstwertgefühl zeigen die Tendenz sich selbst zu verkleinern, Menschen mit einem starken Selbstbewusstsein neigen zu Selbstüberschätzung (Ernst 2012).

Wenn wir hingegen annähernd wissen, wie wir auf Andere wirken, kann ggfs. korrigierend und nachbessernd in den Urteilsprozess und die Interpretation der Anderen eingegriffen werden, dann können wir uns besser so präsentieren, wie wir eigentlich sind und gesehen werden wollen. Es ist daher hilfreich, sich von Anderen möglichst aus verschiedenen Perspektiven und in unterschiedlichen Kontexten und Situationen ein objektives Feedback einzuholen. So können wir mehr über uns und unsere Wirkung auf andere erfahren, dadurch sind sowohl Selbstüberschätzung als auch –unterschätzung beeinflussbar und die optimale Zone, in der das Selbst- und das Fremdbild übereinstimmen, lässt sich erweitern.

Das Problem dabei ist aber, dass das Feedback durch andere Menschen meist wenig ehrlich ist. Auch Mitarbeiter wägen ihre Reaktionen auf eine Intervention ihres Vorgesetzten ab, z.B. aus Angst vor Sanktionen. Sogar in Trainings, wenn die Teilnehmer einen Beobachtungsauftrag haben und ihnen bewusst ist, dass es auf ihre Rückmeldung ankommt, wird diese sozusagen sozial gefiltert wiedergegeben.

Anders bei den Pferden!
Pferde beobachten uns, identifizieren uns, nehmen unsere Wirkung unmittelbar wahr. Sie spiegeln unser eigenes Verhalten wieder, sie können uns helfen, uns selbst wahrzunehmen und zu entdecken: Was verursache ich? Erziele ich die beabsichtigte Wirkung?

Das Pferd gibt im Training eine klarere, unmittelbarere und rechtzeitigere Rückmeldung zu einer erlebten Einwirkung als ein menschliches Gegenüber. Es agiert und kommuniziert immer authentisch im Hier und Jetzt, es hält nicht aus einem bestimmten Kalkül heraus eine Rückmeldung zu unseren Aktionen zurück, sondern zeigt sie direkt und im aktuellen Moment der Zusammenarbeit. Es kündigt nicht wie der menschliche Mitarbeiter irgendwann später, lange nach der inneren Kündigung. Im Unterschied zum menschlichen Feedbackgeber analysiert das Pferd das Erlebte nicht vorgeschaltet und kalkuliert nicht in seiner Rückmeldung mögliche zukünftige

Folgen ein, sondern reagiert direkt und unverfälscht. „Pferde reagieren als Feedbackgeber unmittelbar, schonungslos, frei von Vorurteilen und sozialer Erwünschtheit, ohne intellektuelles Gehabe und Höflichkeit." (Kolzarek, Lindau-Bank 2011, 11). Die Rückmeldung, das Feedback des Pferdes ist durch seine körperlichen, beobachtbaren Reaktionen sinnlich erfahrbar und konkret erlebbar.

Die bedeutendsten Vorzüge des Pferdes als Feedbackgeber gegenüber dem Menschen liegen in seinen Stärken, seiner fein abgestuften Interaktion, seiner Wahrnehmungsfähigkeit und seiner körpersprachlichen Kommunikation, seinem hohen Anspruch an Kompetenzen und seiner Präsenz im Hier und Jetzt.

So kann in der Begegnung mit dem Pferd trainiert werden...

... eine auf einer feinen Wahrnehmung aufbauende passende Einwirkung:

Werden Anforderungen an sie gestellt, übergehen Pferde zu geringen Druck und widersetzen sich zu starkem Druck. Dabei gibt es individuelle Unterschiede, wann ein Pferd mit einem Ja zur gestellten Aufgabe reagiert; dies kann wiederum nur durch Beobachtung des individuellen Verhaltens wahrgenommen werden - was für das eine Pferd schon zu viel Druck ist, erregt bei einem Anderen kaum eine müde Reaktion.

Mit Pferden kann daher trainiert werden, die Reaktionen Anderer wahrzunehmen und das weitere eigene Verhalten darauf abzustimmen, es kann geübt werden, die Wahrnehmungsperspektive Anderer zu übernehmen, ihre Sprache zu sprechen und ihr Verhalten zu verstehen (Diacont 2007). „Es wird deutlich, dass es nötig ist, sich für den Umgang mit Pferden in die Perspektive des Pferdes hineinzuversetzen, zu berücksichtigen, wie das Pferd bestimmte Dinge wahrnimmt und „bewertet", der Wahrnehmung von Führung bewusst Beachtung zu schenken." (Kolzarek, Lindau-Bank 2011, 43).

Pferde fordern auch vom Menschen einen rechtzeitig erfolgenden, richtig dosierten, Orientierung gebenden Energieeinsatz ein. Im Training mit Pferden kann daher ein sinnvoller und effizienter Umgang mit Druck erlernt werden, indem er richtungsweisend, zum richtigen Zeitpunkt und situativ stimmig eingesetzt wird, in der Stärke seiner Einwirkung abgestimmt und nur solange aufrechterhalten wie nötig (Hendrich 2008, Kolzarek, Lindau-Bank 2011).

... eine kongruente Körpersprache:

Auch wenn wir Menschen allein schon durch den aufrechten Gang eine andere Körpersprache besitzen als Pferde, gibt es dennoch artübergreifende Gemeinsamkeiten (Wendt 2010), wie den Grad der Muskelanspannung, die Aufrichtung, Körperhaltung und –ausrichtung, das Einnehmen und Halten von Räumen sowie die Steuerung der Bewegung durch eine bestimmte Absicht.

Wie sie es bei anderen Pferden tun, lesen Pferde auch bei uns Menschen die Körpersprache. Jede noch so kleine Geste, jede kleine Bewegung ist für sie eine Aussage, was gerade in uns vorgeht. Sie nehmen selbst kleinste Unsicherheiten im körperlichen Ausdruck wahr, „entlarven" Widersprüche, wenn die Absicht und die Körpersprache nicht zusammenpassen und reagieren in ihrem Verhalten dementsprechend, indem sie die Forderungen in Frage stellen. Sie geben deutlich wieder, welche mentale Einstellung und Gefühle durch unsere Körperhaltung und -sprache ausgedrückt werden (Schwaiger 2001, Osterhammel 2006, Diacont 2007).

So kann im Training mit Pferden ein Bewusstsein dafür entwickelt werden, was ich gerade mit meinem Körper tue und welche Haltung er ausdrückt. Man findet heraus, wie der eigene Körper spricht, welche Gefühle und Gedanken er selbst mit kleinsten Bewegungen zum Ausdruck bringt.

Ein Training mit Pferden ermöglicht dem Menschen weiterhin…

… ein Überprüfen der eigenen Führungsqualitäten:

Das Pferd ist auch in der Gegenwart des Menschen durch seine Bedürfnisse geprägt, d.h. Pferde fordern auch von uns Führungsqualitäten ein. Sie entscheiden in der Begegnung mit uns in jedem Augenblick, bei jeder Aktion immer wieder neu darüber, ob sie uns als Führungsperson vertrauen und somit folgen können oder nicht (Osterhammel 2006).

Pferde akzeptieren den Führungsanspruch des Menschen nur, wenn das ihnen gegenüber gezeigte Verhalten und Handeln den „Pferdekriterien" für Führung entspricht. Sehen sie bei uns mangelnde Kompetenz, reagieren sie mit Gleichgültigkeit oder respektlosem Verhalten und entscheiden lieber selbst. „Pferde sind immer konstruktiv. Wenn du nicht die Führung übernimmst, dann tun sie es." (Kolzarek, Lindau-Bank 2011, 15). Sie fordern Führungsverhalten und – kommunikation heraus, es erfolgt eine ständige Anfrage an die eigenen Führungsqualitäten.

Die Reaktion des Pferdes zeigt uns, wo wir als Führungspersönlichkeit momentan stehen. Schließt sich das Pferd nicht an und verweigert die Zusammenarbeit, so ist es momentan von unseren Führungsqualitäten nicht überzeugt und macht uns dadurch auf einen förderungswürdigen Aspekt unserer Führungskompetenz aufmerksam. Es spiegelt unser Verhalten und zeigt uns, dass es uns in diesem Moment nicht als klare Persönlichkeit wahrnehmen kann (Schwaiger 2001).

… das Erleben von Veränderungsmöglichkeiten des eigenen Führungsverhaltens:

Ein Training mit Pferden vermittelt Führungskräften Einsichten in das eigene Führungsverhalten und gibt ihnen die Gelegenheit, Entwicklungsmöglichkeiten kennenzulernen. Der Einfluss des Führungsverhaltens auf das Pferd soll wahrgenommen und reflektiert werden, um davon ausgehend Analogieüberlegungen hinsichtlich des individuellen Führungsverhaltens auch gegenüber Menschen anzustellen und einen Transfer zur Führung von Mitarbeitern zu entwickeln (Kolzarek, Lindau-Bank 2011).

Inwiefern kann dabei von Analogien zwischen der Führung von Pferden und der Führung von Menschen ausgegangen werden? Pferde zeigen wie menschliche

Mitarbeiter eine breite Palette an gezeigtem Arbeitsverhalten. „Grundlegend ist die Annahme, dass es sich bei der Führung von Pferden um einen dynamischen und individuellen Kommunikationsprozess handelt, durch dessen Erfahrung und Beobachtung sowohl die wesentlichen Einflussfaktoren auf Führungserfolg als auch (…) Prozesse und Handlungen einer Führungsbeziehung thematisiert werden können." (Kolzarek, Lindau-Bank 2011, 45).

Faktoren können beobachtet und wahrgenommen werden, die vorher nicht als handlungsleitend bewusst gewesen waren. „So können ausgehend von den Handlungen im Umgang mit dem Pferd die zugrunde liegenden Wahrnehmungen, Entscheidungen, Einstellungen und Werte angesprochen werden." (Kolzarek, Lindau-Bank 2011, 42).

Durch ihr Agieren im Hier und Jetzt geben die Pferde Rückmeldung über die gerade erlebte Situation und das aktuell gezeigte Verhalten des Teilnehmers, d.h. es wird nicht die Führungskompetenz des Teilnehmers insgesamt in Frage gestellt. Dieser erhält vielmehr die Chance, eigene Verhaltensmöglichkeiten und Veränderungen seines Führungsverhaltens zu erproben. „Veränderungen in der Führungskommunikation entfalten sofort eine sichtbare Wirkung auf das Verhalten der Pferde. (…) Verändere ich mein Verhalten, bekomme ich auch eine veränderte Situation und Reaktion. (…) Die Teilnehmer können noch in derselben Situation verschiedene Verhaltensvarianten erproben und bekommen einen direkten response." (Kolzarek, Lindau-Bank 2011, 15f). Somit entstehen neue Einsichten in Zusammenhänge und können eigene Möglichkeiten erlebt werden, um seine Handlungskompetenz als Führungskraft zu erweitern.

Bei Interesse und Fragen zu individuellen Coachings- und Trainingsangeboten, einzeln oder in der Kleingruppe, wenden Sie sich bitte direkt an: schober-ursula@t-online.de

V. Literaturverzeichnis

Buchacher, W., Wimmer, J. (2008): Das Führungsseminar. Werkzeuge für den Führungsalltag in Wort und Bild. Linde, Wien

Diacont, K. (2007): Erfolgreich arbeiten mit Pferden. Entspannt reiten, stressfrei ausbilden mit minimalen Hilfen. Müller Rüschlikon, Stuttgart

Ernst, H. (2012): So bin ich, oder? Unser Selbstbild und wie die anderen uns sehen. Psychologie heute 11, 20-28

Eschbach, A., Eschbach, M. (2011): Freie Bodenarbeit mit dem Pferd. Kommunikation und Körpersprache. Franckh-Kosmos, Stuttgart

Franzen, J. L. (2007): Die Urpferde der Morgenröte. Ursprung und Evolution der Pferde. Spektrum, München

Hempfling, K. F. (1993): Mit Pferden tanzen. Franckh-Kosmos, Stuttgart

Hendrich, F. (2008): Horse Sense oder wie Alexander der Große erst ein Pferd und dann ein Weltreich eroberte. Drei Schritte zum Charisma der Führung. Signum, Wien

Kolzarek, B., Lindau-Bank, D. (2011): Mit Pferden lernen. Pferde als Kommunikationsmedium: Motivieren, Ziele setzen, Führen, Entscheiden. LIT, Berlin

Laufer, H. (2009): 99 Tipps für den erfolgreichen Führungsalltag. Führungsbewusstsein, Führungsverhalten, Führungsmaßnahmen. Cornelsen, Berlin

Osterhammel, B. (2006): Pferdeflüstern für Manager. Mitarbeiterführung tierisch einfach. Wiley, Weinheim

Schäfer, M. (1993): Die Sprache des Pferdes. Lebensweise, Verhalten, Ausdrucksformen. Franckh-Kosmos, Stuttgart

Schwaiger, S. E. (2001): Persönlichkeitstraining mit Pferden. Franckh-Kosmos, Stuttgart

Simon, W. (2007): Gabals großer Methodenkoffer: Persönlichkeitsentwicklung. Gabal, Offenbach

Simon, W. (2009): Gabals großer Methodenkoffer: Führung und Zusammenarbeit. Gabal, Offenbach

Simon, W. (2009): Gabals großer Methodenkoffer: Grundlagen der Kommunikation. Gabal, Offenbach

Spies, S. (2006): Authentische Körpersprache. Hoffmann und Campe, Hamburg

Truckenbrodt, N., Fiegler, J. (2004): Von Pferden lernen. Wie der Umgang mit Pferden die Persönlichkeit entwickelt. blv, München

Welz, H. (2002): Pferdeflüstern kann jeder lernen. Franckh-Kosmos, Stuttgart

Wendt, M. (2010): Vertrauen statt Dominanz. Wege zu einer neuen Pferdeethik. Cadmos, Schwarzenbek